LA VISIÓN

Una aterradora profecía de los días
finales del mundo, que ha comenzado
a manifestarse ya en la actualidad.

DAVID WILKERSON

La misión de Editorial Vida es ser la compañía líder en comunicación cristiana que satisfaga las necesidades de las personas, con recursos cuyo contenido glorifique a Jesucristo y promueva principios bíblicos.

LA VISIÓN
Edición en español publicada por
Editorial Vida – 1975
Miami, Florida

Diseño 2010

Originally published in the USA under the title:
    The Vision
    Copyright © by David Wilkerson
By Pyramid Publications for Fleming H. Revell Company

Diseño interior: *Good Idea Production, Inc*
Diseño de cubierta: *Sarah Wenger*

ISBN: 978-0-8297-5531-2

Categoría: Estudios bíblicos / Profecía

Impreso en los Estados Unidos de América
Printed in the United States of America

HB 12.01.2023

Y Jehová me respondió, y dijo: Escribe la visión, y declárala en tablas, para que corra el que leyere en ella.

Aunque la visión tardará aún por un tiempo, mas se apresura hacia el fin, y no mentirá; aunque tardare, espéralo, porque sin duda vendrá, no tardará.

(HABACUC 2:2, 3)

«*[...] y vi en éxtasis una visión [...]*»

(PEDRO, EN HECHOS 11:5)

«*[...] pero (yo) estaba espantado a causa de la visión [...]*»

(DANIEL, EN DANIEL 8:27)

«*He venido para hacerte saber lo que ha de venir a tu pueblo en los postreros días; porque la visión es para esos días*».

(DANIEL, EN DANIEL 10:14)

1. Todo el mensaje de este libro ha de ser datado a partir de abril de 1973. Muchas de las predicciones de esta visión se han cumplido ya, algunas se verificarán en un futuro próximo y otras, en años venideros. Por favor, no lea este libro con la expectación de que todas las calamidades mencionadas ocurran de la noche a la mañana. Yo creo, y lo tengo por cierto, que la mayor parte de esta visión se cumplirá durante nuestra generación.

2. No pretendo en lo que respecta a esta visión endosar ninguna posición doctrinal concerniente a La Gran Tribulación. Cuando hablo de persecución de cristianos, no me estoy refiriendo a la Tribulación. Rehuso a que se me implique en controversia alguna sobre cuándo serán evacuados de esta tierra los cristianos al retorno de Cristo. Esta visión no es una declaración doctrinal.

3. Rechazo la idea de que esta visión sea un mensaje para «traficar miedo». Algunos sugerirán que esta visión solo ayudará a provocar algunas de las calamidades descritas, y que «usted obtiene lo que predica». Discrepo totalmente. Esa lógica sugeriría que Noé provocó el diluvio advirtiendo que el mismo vendría. He compartido mi visión, y nunca la volveré a defender con esta declaración. Su mensaje solo puede ser comprobado por el tiempo y los acontecimientos. Dios será el juez y nada de lo que digan mis amigos o enemigos puede detenerme en mi determinación de advertir a los lectores que estas cosas son verdaderas.

DAVID WILKERSON

CONTENIDO

«*[...] no fui rebelde a la visión celestial*».

HECHOS 26:19

INTRODUCCIÓN

*H*e tenido solamente dos visiones en toda mi vida. La primera me vino en 1958, cuando una visión de Dios me llevó de una pequeña población de Pennsylvania a la ciudad de Nueva York, a trabajar con las pandillas de adolescentes y con los adictos a las drogas.

Aquella no fue una falsa visión. Ahora, transcurridos los años su realidad queda demostrada por los centros juveniles esparcidos por todo el mundo. No solo se han convertido pandillas y adictos, sino que muchos de ellos están incluso predicando el evangelio como ministros y misioneros.

Una segunda visión vino a mi este verano (1973). Ha sido una visión de cinco trágicas calamidades que vienen sobre la tierra. No vi luces deslumbradoras; no escuche voces audibles ni oí hablar a un ángel. Mientras yo estaba orando tarde una noche, estas visiones de calamidades mundiales vinieron sobre mí con un impacto tal, que no pude hacer otra cosa que seguir arrodillado, estupefacto, y captarlo todo.

Al principio yo no quería creer lo que había visto y oído. El mensaje de la visión era demasiado amedrentador, demasiado apocalíptico, demasiado aflictivo para mi mente materialista. Pero la visión volvió a mi noche tras noche. No podía librarme de ella. En lo profundo de mi corazón yo estoy convencido de que esta visión procede de Dios, que es verdadera, y que llegará a verificarse. Con todo, esta visión me ha llevado a tener que investigar concienzudamente. He tenido miedo de que mucha gente no la creyera, o que yo fuera tildado de ser cierto tipo de fanático. Les conté esta visión a algunos de mis amigos y asociados más íntimos y me previnieron contra la publicación de la misma. ¿Quién quiere escuchar un mensaje de confusión económica en una época de gran abundancia? ¿Quién quiere que le digan que vienen calamidades, cuando hay tantos que ni siquiera pueden hacerle frente a la vida tal como es? ¿Quién va a creer jamás que la libertad religiosa de que disfrutamos ahora, pronto habrá de ser amenazada y que el movimiento de Revolución de Jesús se convertirá en un movimiento de repulsa de Jesús?

A despecho de mis temores y aprensiones, no puedo seguir desechando más la convicción de que esta visión debe ser publicada. Si de alguna manera entiendo la dirección divina, Dios me ha mandado hablar claro. He comprobado la visión a la luz de la Palabra de Dios, y las Escrituras correlacionan su mensaje. Partes de esta visión vendrán a ocurrir en un futuro muy próximo. Algunos de los acontecimientos son más remotos. ¡Pero estoy seguro de que todos los que se mencionan, habrán de acontecer en esta generación!

Tengo la convicción de que ya estamos en la época a la cual la Biblia se refiere como «principios de dolores». Este mundo se halla frente a una tribulación de increíbles proporciones, e incluso ahora la Tierra se está tambaleando bajo el impacto de los primeros botones de muestra de la ira de Dios. Parece que casi todo el mundo está preguntándose qué le está sucediendo a la naturaleza, a las normas éticas, y a la sociedad. Creo firmemente que lo que está sucediendo ahora es sobrenatural y está fuera del alcance del control del hombre.

Muchos que lean este libro encontrarán que es fácil olvidar su mensaje durante estos «respiros» de tiempos buenos. Resulta difícil pensar en calamidades cuando se está tomando el sol en una cálida playa. Los terremotos, las hambres, las inundaciones y otros desastres parecen tan distantes cuando se está corriendo velozmente por un lago en un bote a motor de alta potencia. Es difícil imaginarse tiempos rigurosos y trágicos cuando el dinero está corriendo, cuando se dan por supuestas las libertades, y cuando las comedias televisadas hacen que la vida parezca muy libre y fácil.

Sin embargo, Dios advierte que vendrá un desastre repentino cuando todos los hombres estén pregonando paz y seguridad. El diluvio de los días de Noé vino cuando los hombres estaban comiendo, bebiendo, casándose, divorciándose y dándose buena vida. Las multitudes que se burlaban de la «increíble visión» de aquel profeta, fueron enfrentadas repentinamente con la furia de la ira de Dios.

Antes de que usted descarte esta visión como divagaciones de un fanático, ¡oiga esto! ¿Suponga que es verdad? ¿Y si yo realmente la recibí de Dios? Esta visión podría ser una verdadera advertencia, procedente de Dios a través de un ser humano, a un mundo desidioso, dormitado. Recuerde, asimismo, que la Biblia dice:

« [...] en los postreros días [...] vuestros jóvenes verán visiones [...] ».

Así pues, amigo, es hora de estar preparado. Se acaba el tiempo para aprestarse. Estamos a deshora y el tiempo se esta acortando. Lea este libro con el corazón abierto; luego entre en el último capítulo para encontrar la solución.

Uno

CONFUSIÓN ECONÓMICA

SE AVECINA UNA QUIEBRA — 1

Nos hallamos frente a una inminente confusión económica de alcance mundial. En mi visión, este ha sido el detalle que vi con mayor claridad. Mucha gente de oración comparte al presente esta mismísima visión.

No solo el dólar americano está encaminado a tener grandes dificultades, sino todas las demás monedas corrientes en el mundo entero. Veo una confusión económica total que batirá a Europa primero, y luego afectará al Japón, los Estados Unidos, el Canadá y, poco después, a todas las demás naciones.

Realmente no es una depresión lo que veo venir, sino una recesión o retracción económica temporal de tal magnitud, que habrá de afectar el estilo de vida de casi todo trabajador asalariado de América, y de todo el mundo. Países que al presente controlan enormes cantidades de divisas occidentales se van a ver en dificultades muy grandes también. Los países árabes quedarán de modo particular perjudicados.

Nos esperan, no cabe la menor duda, años de carestía llenos de confusión monetaria y de desesperación. Cuándo será —no está claro, pero no está muy lejos. Los más grandes economistas del mundo entero no aceptarán a explicar la confusión, y se desarrollará una crisis internacional de miedo. Una falsa bonanza económica precederá a la recesión —pero será de breve duración

Algunos años buenos para prepararse — 2

No obstante todas las señales de peligro de un inminente desastre económico que nos rodean, los próximos años, unos pocos (a contar desde 1973), se contarán entre los más prósperos de la historia de la humanidad. Serán años de abundancia y de prosperidad A pesar de las normas de restricción de créditos, la gente seguirá gastando abiertamente. Las ventas continuarán rompiendo récords y la gente gastará más que nunca en la historia moderna. Las obligaciones de crédito llegarán a ser casi incontrolables.

Veo, muy claramente, solo unos pocos años de tremenda afluencia y continua prosperidad económica. Los presupuestos de las iglesias se incrementarán, los salarios aumentarán, las contribuciones para las obras misioneras aumentarán también.

La inflación, los costos y los salarios subirán en espiral, cada vez más alto. Habrá algunos reajustes menores en cuanto a los precios, pero la economía mundial se pondrá candente.

Cuando recibí esta visión en abril de 1973, recibí asimismo instrucciones precisas del Espíritu Santo en el sentido de que confiara en Dios en lo que concierne a la obtención de suficientes recursos para liquidar todas aquellas obligaciones de nuestra organización que no fueran las hipotecas necesarias. El mensaje que recibí de Dios fue muy claro y preciso. Fue simplemente esto:

Viene una gran confusión económica y se encuentran a la puerta años de carestía. Habrá algunos escasos años de abundancia y de prosperidad para prepararse para los años de carestía. Trabaja y ora para que liquides todas las deudas y prepárate para efectuar drásticas reducciones en el presupuesto. El dinero no fluirá como antes y si quedas libre de obligaciones, podrás mantener tus programas aún durante los años difíciles. ¡No te alarmes —no temas— simplemente prepárate para ese tiempo y aguárdalo!

QUIEBRAS EN LAS PRINCIPALES CORPORACIONES — 3

Tengo la convicción de que vamos a ser testigos de la quiebra de algunas de las principales y más populares corporaciones del país. Veo surgir tremendas dificultades para las corporaciones de créditos. Habrá muchas personas que se verán imposibilitadas de liquidar sus obligaciones importantes a las principales compañías de tarjetas de crédito, llevando con ello al borde del caos.

Miles de pequeños negocios se verán también forzados a declararse en quiebra. Tres de las principales denominaciones religiosas, y posiblemente cuatro, se verán forzadas a operar con una organización mínima, debido a la falta de fondos. No pocas iglesias van a sufrir bancarrota y varias sociedades y organizaciones eclesiásticas misioneras independientes van a tener que retraerse. Todos los ministerios de radio y televisión, salvo unos pocos, tendrán que ser abandonados.

La restricción de créditos desencadenará una ola de incertidumbre y de temor. Aquellos que tengan dinero lo guardarán como reserva.

El gobierno de los Estados Unidos «sobrerreaccionará» al desarrollarse la confusión económica.

Veo una racha de decisiones tomadas casi al borde del pánico por distintas agencias gubernamentales —pero estos esfuerzos hechos precipitadamente para apuntalar la economía, serán contraproducentes .

El Presidente de los Estados Unidos efectuará una (y posiblemente dos) comparecencias ante la radio y la TV nacionales para tranquilizar a la nación, reafirmando que todo anda bien, y que la mejor época de la economía del país está a la puerta. Pero no dará resultado. La gente desconfiará de estas afirmaciones, y sus temores llevarán a una revolución en las urnas electorales.

La industria del automóvil quedará gravemente perjudicada. Los fabricantes de vehículos de recreo van a recibir un golpe muy duro. Las existencias de accesorios se amontonarán y las ventas disminuirán drásticamente.

Casi todos los índices económicos tendrán un aspecto sombrío. Al principio esto será irregular —pero finalmente afectará a casi toda la industria.

Un éxodo en tropel hacia el campo — 4

Habrá una súbita precipitación en tropel para comprar granjas, ranchos y casas en el campo. Miles de personas intentarán huir de las ciudades, con la esperanza de que un retorno a la tierra, a la naturaleza, habrá de proporcionarles seguridad. Habrá un impulso creciente de «largarse de todo esto» —y la gente que alimenta sueños secretos de producir sus propios alimentos y criar su propio ganado, y de llegar a autoabastecerse, invertirá mucho dinero en terrenos y en tierras de labor en las zonas rurales. El precio de los terrenos en las zonas rurales seguirá subiendo vertiginosamente. El valor de las tierras de labor comprendidas dentro de un radio de 160 km., alrededor de la mayor parte de las principales ciudades llegará hasta las nubes, volviéndose inasequible para todos, menos para los sindicatos.

Los sindicatos habrán de afrontar un dilema—5

Los sindicatos encararán nuevas presiones, encaminadas a impedir que vayan a las huelgas. Los trabajadores ya no podrán tener recursos para quedarse fuera del trabajo ni siquiera por una semana. El gobierno adoptará una actitud dura contra los huelguistas, y los miembros de los sindicatos en huelga ya no podrán obtener cupones para alimentos ni otros beneficios que antes se les concedía. La inflación forzará el desarrollo de una nueva crisis entre el trabajo y la administración, y las huelgas que lleven a cabo los miembros de los sindicatos conducirán, en algunas zonas, a una completa interrupción del trabajo en las plantas y una total perdida del empleo.

Los líderes laborales serán afectados también por esta ola de confusión económica. Muchos de ellos se quedarán perplejos y no sabrán qué acción deberían de tomar. Tendrán que afrontar una situación casi imposible, porque no podrán sostener financieramente una huelga —y, no obstante, al mismo tiempo no podrán aguantar la presión de no ir a la huelga.

Las huelgas prolongadas podrían paralizar la industria y aumentar la creciente confusión económica.

Los detalles no están claros para mí, pero veo que nos esperan terribles problemas sindicales. La paz laboral es solo un sueño, y no afrontamos otra cosa sino verdaderos problemas.

Podemos muy pronto sufrir las más devastadoras huelgas de todos los tiempos.

Aquellos que no se preparan van a ser perjudicados — 6

La gente que gasta descuidadamente y compra cosas materiales innecesarias será la que más sufrirá. Los especuladores afrontarán tiempos difíciles, que están a la puerta, y un buen número de grandes planificadores van a ser totalmente suprimidos.

El mayor auge de todos los tiempos en la construcción aún pertenece al futuro —y la Biblia predice que vendrá. Pero antes de eso —muy pronto— la industria de la construcción va a afrontar muchos reveses. Las fluctuaciones de la vivienda se nivelarán. Viene una terrible apretura sobre toda la industria de la construcción. Los ministros que levantan edificios costosos en el nombre de Dios, sin haber recibido de él un claro mandato, quedarán seriamente perjudicados. Aquellos que emprenden viajes para satisfacer su propio yo, que se comprometen en enormes proyectos que implican grandes cantidades de dinero, y que no han andado según la perfecta voluntad de Dios, confrontarán un desastre financiero.

Si un hombre tiene un claro y preciso mandato de Dios para edificar o seguir adelante — debe proceder de conformidad. Pero que esté absolutamente seguro de que está procediendo según la clara y positiva dirección de Dios. De lo contrario, el proyecto no sobrevivirá, y él saldrá en bancarrota.

No es el momento de meterse en deudas. Es el momento de apercibirse, el momento de librarse y salir de debajo de importantes gravámenes financieros.

Cuando percibí por primera vez esta visión, argüí conmigo mismo en el sentido de que yo no me atrevía a impedir la iniciativa y la visión de personas que quieren hacer grandes obras para Dios y que, en el curso de su realización, tienen que invertir enormes sumas de dinero. Yo he conocido la satisfacción de levantar instituciones para la gloria de Dios. Siempre he predicado la fe y la acción positiva, y nunca me atrevería a aconsejar a un hombre o una mujer de Dios que se retraigan o que esperen para actuar cuando Dios les ha dado claramente la dirección de proceder.

Pero esta visión es tan evidente para mí, que tengo que hablar claro. Percibo como una obligación divina de prevenir a los ministros y a las organizaciones de iglesias a que echen una larga y severa mirada a todos los programas y proyectos de expansión que requieran grandes sumas de dinero. Hay algunos planes de construcción que deben ser postergados o abandonados.

Ha llegado ahora el momento de que las organizaciones cristianas adquieran más conciencia de gente que conciencia de edificios. La mayor parte del crecimiento durante los años de carestía que tenemos por delante deberá tener lugar en el campo del ministerio de persona a persona. Sin duda alguna, muchas organizaciones religiosas habrán de sobrevivir a los años de carestía pagando solo el interés de sus enormes obligaciones. Esto traerá como resultado una constante controversia en cuanto a recolectar dinero únicamente para hacer frente a los presupuestos de mantenimiento, lo que hará, a su vez, que sufran los proyectos misioneros.

NI SIQUIERA EL ORO PROPORCIONARÁ SEGURIDAD — 7

Los precios del oro están aumentando vertiginosamente, pero aquellos que están invirtiendo en este artículo en espera de hallar seguridad, se exponen a una trágica sorpresa. El precio del oro va a subir hasta alcanzar niveles astronómicos, pero no se sostendrá por mucho tiempo. La plata llegará a ser también un metal muy precioso y su precio aumentará desenfrenadamente. Pero ni la plata ni el oro ofrecerán verdadera seguridad. El valor fluctuante e incierto del oro y de la plata será parte del cuadro total de la confusión económica que hace presa del mundo.

Créalo o no —ni siquiera el oro mantendrá su valor. Aquellos que amontonan oro van a salir perjudicados— de mala manera. Esta es una de las más significativas predicciones de este libro.

Un nuevo sistema monetario mundial— 8

Aumentará la demanda de reorganizar todos los sistemas monetarios del mundo en un sistema uniforme. Y aún cuando parezca que el dólar está ganando fuerza justamente antes de que comience la recesión mayor, se desarrollará una nueva crisis, que sacudirá el mundo financiero entero. Pasarán años antes de que quede restablecida la fe en el dólar americano.

Yo creo que resurgirá un Imperio Romano el cual llegará a ser finalmente la base de poder para un superdirigente mundial que se levantará para restaurar el orden económico. Sin duda alguna este instituirá un sistema mundial de «tarjetas de crédito ambulantes». Se implantarán números invisibles en la frente y el antebrazo, y solo los instrumentos exploradores fotográficos podrán detectar esos números. Los números podrían ser asignados en tres grupos de seis dígitos cada uno. Esta «marca» sería requerida a todos y nadie podría comprar ni vender sin tener este número tatuado invisiblemente.

Se desarrollará un determinado tipo de sistema mundial de créditos y los distintos países podrán utilizar libretas de crédito. Si bien el logro de un sistema monetario universal puede ser todavía una cosa muy lejana del futuro, pronto se organizará un sistema mundial de créditos entre los países, sentándose así la estructura para el sistema mundial monetario y comercial del futuro.

Estemos preparados a oír hablar de acuerdos comerciales mundiales supervisados por un comité regulador internacional. Se desarrollarán pautas estrictas para el comercio internacional, e intereses de gran poder controlarán estrechamente el «mercado mundial».

Expresándolo en forma sencilla —pronto presenciaremos el desarrollo de una política comercial mundial, supervisada por un supersecretario investido de poderes sin precedente por todos los países involucrados en el comercio internacional.

Suicidio por dosis excesivas — 9

Los reveses económicos y la confusión tomarán desapercibidos a muchos en cuanto a las consecuencias. Entonces, vendrán los suicidios. No será una repetición de aquellas escenas que fueron tan familiares durante la Gran Depresión, cuando los hombres de negocios se suicidaban saltando desde las ventanas. Tampoco se llevarán un arma a la cabeza para tirar del gatillo. El nuevo método será el suicidio mediante dosis excesivas de píldoras para dormir o de otros sedativos químicos. Esta tendencia se está desarrollando ya, y empeorará. Algunas de las figuras más conocidas en el mundo de los negocios van a cometer suicido mediante la ingestión de dosis excesivas de narcóticos.

Debido a que muchos hombres de negocios acaudalados tienen médicos privados, el común de las gentes no estará informada de la forma en que irán ocurriendo estas muertes «accidentales». En muchos casos la causa de la muerte no llegará a ser de conocimiento general. Sin embargo, el suicidio por medio de dosis excesivas llegará a ser tan generalizado que será imposible encubrirlo más.

Una reacción contra los ambientalistas y ecólogos — 10

La confusión económica que viene llevará a una reacción contra las restricciones impuestas por los especialistas en asuntos relativos al medio ambiente sobre la colectividad de los negocios. Los ambientalistas han sido bien acogidos y admirados mientras abordaban generalidades. Pero cuando comiencen a afectar las carteras de los hombres y mujeres de este país, caerán en descrédito.

Veo surgir una tremenda reacción contra los ecólogos y ambientalistas, con expertos que pregonan contra muchos de los hallazgos de dichos especialistas de esas agencias. En charlas televisivas, en artículos de revistas y en otras discusiones públicas se desarrollará una corriente de zapa contra aquellos que previenen acerca de los peligros de la contaminación y los que propugnan el control ambiental. Llegará a ponerse en boga el desmentir los hallazgos de esos comités, y echar peroratas contra los programas propuestos por los ambientalistas federales, estatales y locales.

Grupos ambientalistas como el Club Sierra y otros, van a ser blanco de severas críticas. Serán acusados de obstaculizar el desarrollo de las riquezas, y serán inculpados de la creciente confusión económica. Estos grupos se convertirán en cabezas de turco a los que responsabilizarán por una crisis de energía, por las escaseces de carne y de alimentos, y por la perdida de empleos.

Créalo o no, los ambientalistas y ecólogos van a ser puestos en tela de juicio, y serán repudiados y, en su mayor parte, rechazados en los días por venir. Ya están actuando fuerzas poderosas para incitar a la opinión pública contra las propuestas de largo alcance de los nuevos ambientalistas.

Confusión para los predicadores del «Pensamiento Positivo» — 11

Aquellos que predican que todo buen éxito es el resultado final del pensamiento positivo, van a descubrir que la moneda también tiene otra cara. Grandes perdidas, confusión y reveses harán trizas los procesos del pensamiento de mucha gente bien intencionada, que cree falsamente que sus éxitos y su bienestar económico son el resultado de su propio pensamiento positivo.

Jesucristo mismo fue un defensor del pensamiento recto. Dios declara que él no nos ha dado «espíritu de cobardía, sino de amor, de poder y de dominio propio». Pero muchos hombres buenos se han vuelto adoradores del poder de la mente. Aquellos que predican el pensamiento positivo en armonía con los conceptos de las enseñanzas bíblicas, podrán ofrecer a los hombres verdades que lo habrán de sostener a lo largo de las crisis venideras. Aquellos que han tenido en menos la soberanía de Dios y han suplantado actitudes mentales en lugar de corazones reformados, quedarán desenmascarados como falsos maestros. El pensamiento positivo sin una vida piadosa, no ofrece esperanza alguna en tiempos de crisis mundial o personal.

Cualquiera puede ser defensor del poder del pensamiento positivo cuando las condiciones económicas son favorables y todas las cosas están marchando bien. Pero cuando las cosas comienzan a desmoronarse y todo está resultando al revés —y cuando solo la intervención sobrenatural puede ayudar— es entonces cuando la verdad autentica saldrá a la superficie. La verdad es que todo el pensamiento positivo del mundo entero no cambiará el hecho de que vamos a tener una reacción económica mayor. Ningún predicador, ningún filósofo, ningún autor podrán cambiar el rumbo que Dios ha ordenado.

Más motines y demostraciones — 12

Los amotinamientos y demostraciones, el pillaje y la inquietud de los años sesenta son ya historia. Pero los motines no han pasado. Se avecina otra ola. Esta vez veo a portorriqueños, cubanos y mexicanos hondamente involucrados. La confusión económica que viene inflamará otra tanda de demostraciones, motines y desorden civil.

Los programas de auxilio social van a ser reducidos y restringidos, siendo los grupos minoritarios los que van a ser más afectados. Estas reducciones, junto con la reducción de numerosos proyectos gubernamentales, habrán de causar un desempleo general entre esos grupos. Nunca antes he creído haber visto ya el final de la violencia, del derramamiento de sangre y de los amotinamientos en nuestras calles. Aborrezco todo esto y ruego a Dios que tenga misericordia de nosotros. Pero estoy convencido más que nunca de que lo peor está aun por venir.

Asimismo veo venir grandes motines a muchas de las principales ciudades de América del Sur. En la próxima década Sudamérica se convertirá en un barril de pólvora que estallará en todas direcciones.

Los Estados Unidos serán inculpados — 13

Si bien las actividades económicas de Europa habrán de desencadenar la recesión económica que viene, la mayor parte de los países inculpará a los Estados Unidos por lo que esté aconteciendo. Francia se tornará en una de las naciones antiamericanas más rencorosas del mundo. Los políticos y hombres de negocios de Europa y el Japón le echarán la culpa a Washington y a los banqueros americanos.

Los drásticos retiros de tropas desde Europa causarán más confusión todavía. Los líderes del Mercado Común Europeo se aprovecharán de este sentimiento antiamericano para establecer una más sólida base de poder y un dominio más firme sobre el comercio mundial. La base del poder económico mundial se desplazará a Europa.

Establecimiento después de la recesión — 14

Puede haber una completa recuperación de la recesión económica que viene, y aun puede haber otro ciclo (o dos) de años de abundancia y años de carestía. Solo Dios mismo conoce el futuro —yo solo he recibido una vaga ojeada de más allá de la próxima década. Me parece ver el cuadro de una recuperación parcial y casi completa a partir de la recesión económica que viene, pero la economía mundial continuará siendo confusa hasta el tiempo del Anticristo. Desde ese día en adelante, penderá sobre el mundo entero una sensación de temor e incertidumbre en lo que a las futuras condiciones económicas se refiere. Nunca más en la historia del mundo habrá un período de completa confianza y fe en la economía mundial. Cada breve período de prosperidad repentina traerá consigo una fuerte amenaza de fracaso. El corazón de los hombres comenzará a desfallecer de miedo, después que contemplen los devastadores efectos de una economía lisiada.

Vendrá un tiempo en el futuro cuando los hombres estarán obsesionados por comprar, vender, plantar, casarse y divorciarse —pero será un tiempo de falsa prosperidad. La Biblia predice que en este período de grande y falsa prosperidad Jesucristo aparecerá en las nubes para llevarse a los cristianos.

¡Cuidado! El atesoramiento no será de ayuda — 15

No es tiempo de amontonar dinero, porque el dinero no proporciona verdadera seguridad. Puede darse incluso que tengamos que afrontar una época en que ni siquiera los ahorros garantizados por el gobierno serán pagados. La única y verdadera seguridad está en la tierra. El dinero acumulado desaparecerá como escapa la arena de un saco lleno de agujeros.

Esta es también una época en que el cristiano debe orar respecto de su ofrenda para la iglesia y para las causas misioneras. Cada centavo que se da para la obra de Dios debe ser dado con un propósito. Dar indistintamente, solo para aliviar la conciencia o para descargar el diezmo de Dios en la iglesia, no será ya más aceptable al Señor. Aquellos que obedecen a la Palabra de Dios y dan alegremente durante los años de abundancia, nunca habrán de mendigar el pan durante los años de carestía. Aquellos que ven venir los tiempos difíciles y se preparan, son sabios.

Tengo algunos consejos para aquellos que creen el mensaje de este capítulo. Tengo la certeza de que estos consejos vienen del Señor:

No compre nada a menos que sea necesario. Evite meterse en deudas —en todo, si es posible. Venda o negocie todos los valores cuestionables que tenga. No importa qué sacrificio implique, liquide toda la deuda que le sea posible y disminuya sus necesidades de gastos en efectivo a un mínimo.

Reajuste su presupuesto y reduzca su personal al mínimo. Evite que se le amontonen las cuentas de tarjetas de crédito. Las deudas de tarjetas de crédito son extremadamente peligrosas de ahora en adelante.

No se deje dominar por el pánico —simplemente sea muy precavido. Consígase un carro bueno y digno de confianza, y apéguese a el. No se anticipe a cambiarlo durante un largo rato. ¡Aférrese a él!

Y sobre todas las cosas, no trate de engañar a Dios. Conserve sus cuentas con el cielo bien balanceadas. Su seguridad futura depende de ello. Dé lo más generosamente que le sea posible para las misiones y para el sostenimiento de la legítima obra de la iglesia. Dé, y le será restituido.

El mensaje que he recibido para todos los verdaderos creyentes es este:

«El avisado ve el mal y se esconde;
Mas los simples pasan y llevan el daño».

(PROVERBIOS 27:12)

Dos

CAMBIOS DRÁSTICOS DE TIEMPO Y TERREMOTOS VIOLENTOS

DRÁSTICAS VARIACIONES ATMOSFÉRICAS — 1

L os cambios de tiempo drásticos están superando marcas en todo el mundo. Algunos especialistas creen que los mismos son causados por la ceniza volcánica procedente de las erupciones que tuvieron lugar en Islandia, la cual está siendo llevada ahora por la corriente de vientos muy fuertes en la troposfera. Personalmente yo creo que gran parte de las condiciones atmosféricas extremas que hoy se observan en todo el mundo, pueden ser explicadas hasta este momento por la ciencia.

En el transcurso de los siglos pasados el mundo presenció devastadores terremotos de gran intensidad, intensas olas de calor, terribles inundaciones, y todo tipo de caprichosos cambios de tiempo. Y siempre todas las cosas volvieron a la normalidad.

En mi visión, he visto muy poco que sea sobrenatural en lo que se refiere a las variaciones atmosféricas drásticas que hemos experimentado hasta la fecha. Pero veo también muy claramente que está a punto de ocurrir una intervención divina en todo el mundo. Sería mejor que este mundo se preparara para afrontar los cambios de tiempo que no puedan ser explicados por ninguna otra palabra sino por «sobrenatural». El mundo está a punto de presenciar el comienzo de grandes desgracias causadas por las más drásticas variaciones atmosféricas, terremotos, inundaciones y terribles calamidades de la historia, que sobrepasarán en mucho cualquier cosa jamás experimentada hasta aquí.

TERREMOTOS QUE OCURRIRÁN EN LOS ESTADOS UNIDOS — 2

Los Estados Unidos van a experimentar, en un futuro no muy distante, el terremoto mas trágico de su historia. Pronto un día este país se tambaleará bajo el impacto del mayor relato noticioso de los tiempos modernos. Será el reportaje del más grande y más desastroso terremoto de la historia.

Este sismo causará pánico y miedo generales. Sin duda alguna, llegará a ser uno de los terremotos reportados en forma más completa de todos los tiempos. Las cadenas de televisión suspenderán toda programación y llevarán a cabo un reportaje que cubrirá las 24 horas del día.

Otro sismo, posiblemente en el Japón, puede preceder a este que veo venir acá. No existe la más ligera duda en mi mente en cuanto a este inmenso terremoto que tendrá lugar en nuestro continente. Tengo la convicción de que este será muchas veces más grave que el terremoto de San Francisco.

No estoy del todo convencido de que este terremoto tenga lugar en California. En realidad, yo creo que va a ocurrir donde menos se lo espera. Este terrible sismo puede ocurrir en una zona que no se conoce como un región sísmica. Será de un grado tan elevado en la escala de Richter, que originará otros dos terremotos mayores. Creo también que vamos a ver, más tarde, un intenso terremoto en las Islas Aleutianas, que causará varios sismos menores y movimientos sísmicos secundarios a todo lo largo de la costa occidental de los Estados Unidos.

Sin duda, los terremotos van a batir a los Estados Unidos y a otras partes del mundo con una creciente intensidad. En los próximos años el interés en torno a los terremotos será predominante. Las noticias sobre escándalos gubernamentales, sobre guerras y aun sobre problemas económicos quedarán completamente eclipsadas por los terremotos. Algunos minutos después de que este terremoto haya ocurrido, todo el país lo sabrá, y millones de personas quedarán pasmadas y conmovidas. Miles de personas serán afectadas, con una gran pérdida de vidas y daños por valor de millones de dólares. Se registrarán terremotos menores, movimientos sísmicos secundarios y temblores casi a diario en todo el mundo. Los terremotos se convertirán en la causa número uno de temor y consternación.

La tierra va a temblar realmente, y habrá otros numerosos terremotos en distintos lugares por todo el mundo. Esta es una clase de calamidad que los científicos no pueden explicar. Es una intervención sobrenatural en los asuntos de los hombres. Es un acto de Dios que causará estragos y calamidades, llamando a los hombres al arrepentimiento y a la veneración. Puede herir en cualquier momento, y no hay modo de impedirlo. Los hombres simplemente habrán de retroceder, espantados y aterrorizados, cuando se ponga de manifiesto el poder de Dios en el terremoto.

Yo estoy seguro de que los recientes terremotos de Nicaragua y México fueron advertencias del cielo, de que esto es apenas el comienzo. Los laboratorios sismológicos están al presente registrando aún temblores y movimientos sísmicos secundarios casi a diario en todo el mundo.

Viene el hambre — 3

El hambre vendrá al mundo en nuestra generación, y millones de personas morirán de inanición. Nos hallamos justo frente a unos años catastróficos durante los cuales habrá sequías, inundaciones y otros desastres meteorológicos, que destruirán grandes cantidades de la producción mundial de alimentos.

Habrá inviernos sin nieve que traerán consigo cosechas deplorables y condiciones de hambre en la Rusia central y occidental. La India, Pakistán, todo el sudeste de Asia, y África, recibirán un golpe especialmente duro.

Tanto la sequía de cuarenta meses en África como el prolongado período de seca en el Brasil terminarán temporalmente. Habrá un ligero alivio, pero las condiciones empeorarán. En África, millones de seres humanos habrán de afrontar la inanición.

Las reservas de alimentos americanas mermarán parcialmente debido a la sequía y las inundaciones que tendrán lugar en este país. Las reservas de trigo, de arroz y de soja quedarán completamente agotadas. No se logrará satisfacer la demanda de maíz, arroz y trigo.

El mundo afrontará, en nuestra propia generación, la amedrentadora perspectiva de una población mundial que crece mucho mas rápido que la provisión de alimentos. Ya estamos demasiado atrás en esto para salir del atraso y ponernos a la par.

El mundo ha afrontado hambres y sequías con anterioridad —pero esta vez será muy diferente. En años pasados, el mundo logró recobrarse siempre al recoger buenas cosechas otra vez. Pero ahora —¡no podremos recuperarnos! Ya hemos tenido demasiados años malos, y lo peor aún esta por venir. La situación solo empeorará. Y debido al exceso de población, nunca nos pondremos al día.

Esta es, no cabe la menor duda, el hambre universal de los últimos tiempos predicha por la Santa Palabra de Dios en el libro de Joel:

¡Ay del día! porque cercano está el día de Jeho-vá, y vendrá como destrucción por el Todopoderoso. ¿No fue arrebatado el alimento de delante de nuestros ojos, la alegría y el placer de la casa de nuestro Dios? El grano se pudrió debajo de los terrones, los graneros fueron asolados, los alfolíes destruidos; porque se secó el trigo. ¡Cómo gimieron les bestias! ¡cuán turbados anduvieron los hatos de los bueyes, porque no tuvieron pastos! También fueron asolados los rebaños de las ovejas.

A ti, oh Jehová, clamaré; porque fuego consumió los pastos del desierto, y llama abrasó todos los árboles del campo. Las bestias del campo bramarán también a ti, porque se secaron los arroyos de las aguas, y fuego consumió las praderas del desierto.

(JOEL 1:15-20)

PRINCIPIOS DE DOLORES — 4

Ocurrirán inundaciones, huracanes, tornados y granizadas con mayor frecuencia. Más de una tercera parte de los Estados Unidos será declarada zona de desastre dentro de unos pocos años.

Los hombres se dirán que la naturaleza «está fuera de control». Extraños acontecimientos que tendrán lugar en la naturaleza desconcertarán a los científicos. Erupciones en la Tierra, brumas de sangre y brumas lunares, señales extrañas en el cielo tales como tormentas cósmicas, estos y otros acontecimientos nunca vistos antes causarán la admiración de muchos. La bruma suspendida en el cosmos volverá roja la luna y causará períodos de oscuridad sobre la tierra —casi como si el sol se negara a brillar.

LA NATURALEZA «SE DESENCADENARÁ» — 5

La naturaleza desatará su furia con intensidad creciente durante la próxima década. Habrá cortos períodos de alivio, pero casi todos los días la humanidad presenciará la furia de la naturaleza en algún lugar de la tierra. Estos cambios que habrán de superar récords, estarán por encima y más allá de todo lo conocido en el pasado.

Habrá inundaciones, huracanes y tornados, que destruirán cosechas, animales, y mucha fauna silvestre, haciendo que los precios aumenten más todavía y que algunos especialistas en la materia sugieran que la naturaleza está perdiendo su equilibrio.

El tiempo se tornará gradualmente más difícil de pronosticar. Aparecerán repentinas tormentas sin previa advertencia. Olas de frío que batirán récords se afirmarán sobre las regiones más meridionales, y zonas del norte experimentarán olas de calor que superarán marcas.

Habrá períodos de alivio en los que los hombres dirán: «Las cosas permanecen así como desde la misma fundación de la tierra. No hay nada de insólito en lo que está ocurriendo, así que vivamos descansadamente».

La gente juiciosa tendrá dentro de sí un conocimiento innato de que Dios está detrás de estos extraños sucesos y está desatando la furia de la naturaleza para forzar a los hombres a una disposición de ánimo, en la cual se interesen por los valores eternos. Estas violentas reacciones de la naturaleza estarán claramente concertadas por Dios para prevenir a la humanidad acerca de los días de ira y de juicio que vienen. Es casi como si todo el cielo estuviera exclamando: «Oh Tierra, presta atención a su llamamiento. Él sostiene los pilares de la Tierra en sus manos. Sacudirá la Tierra hasta que su voz sea escuchada. Él domina como Rey de la inundación y Señor de los vientos y las lluvias».

El mundo suspirará por un retorno a las condiciones normales, pero el tiempo viene cuando ya no habrá más retorno. Dios es movido como uno que se despierta del sueño, y su enojo está inflamado contra los hombres contumaces y pecadores. Él fundirá al final los mismos elementos con un calor ardiente, pero hasta esa última hora en que esta tierra pasará, Dios derramará sus copas de ira. El Dios de la naturaleza hará uso de sus plagas para revelar su poder, en una advertencia a la humanidad a que evite su ira.

BREVES PERÍODOS DE ALIVIO — 6

Muchos hombres aparentarán estar arrepentidos durante los períodos de violentos castigos infligidos por la naturaleza. Sin embargo, los breves periodos de alivio harán parecer que la naturaleza se ha «sosegado», y los hombres serán confortados por un ambiente cálido, la luz del sol y un tiempo estacional normal. Pero pronto seguirá más violencia, y mucho peor.

Muchos pilotos de líneas aéreas reportarán las peores condiciones de vuelo en la historia de la aviación. Vendrán los más intensos huracanes. Muchas partes del mundo confrontarán los más violentos inviernos de todos los tiempos. Europa se halla frente a las peores embestidas invernales que haya tenido jamás.

AGOTAMIENTO DE LOS FONDOS DE SOCORRO — 7

Los fondos de socorro y para casos de desastres llegarán a estar casi agotados. Las compañías de seguros afrontarán enormes perdidas. Muchos granjeros afrontarán el desastre financiero.

Solamente las damnificaciones causadas por los terremotos gastarán y agotarán casi todos los fondos para desastres. Y hay un límite para lo que los gobiernos nacionales pueden proveer. No se dispone de fondos ilimitados, y los habitantes de cada país habrán de aprender pronto que no quedará nadie a quien volverse sino solo a Dios.

Los americanos quedarán horrorizados al enterarse de que los fondos para desastres se han agotado. Vendrá un rudo despertar en este sentido.

Brotes de epidemias — 8

En la secuela del hambre, de las inundaciones y de los terremotos la humanidad habrá de confrontar la amenaza de nuevas epidemias. Habrá una epidemia de cólera muy grande que pasará por distintos países subdesarrollados sembrando la muerte. La India y el Pakistán afrontarán la amenaza de ver a incontables millares de personas muriendo por las epidemias y la inanición. La desnutrición, la inanición, y todas las epidemias que las acompañan, serán un problema que habrán de afrontar también varios otros países. Los suministros de alimentos y de socorro no serán adecuados para combatir estos abrumadores problemas, y muchos morirán sin recibir ayuda. Los suministros médicos solo alcanzarán a una pequeña proporción de los que tengan necesidades críticas.

Esta demostrará ser la mayor guerra del género humano. Será una guerra de la naturaleza contra el hombre. Y aun cuando Dios promete no abandonar nunca a los hombres, dará la impresión de que así lo ha hecho.

GRANIZADAS — 9

Las drásticas variaciones atmosféricas que ocurrirán en la próxima década irán acompañadas de violentas granizadas de proporciones increíbles. Grandes trozos de hielo caerán del cielo y causarán mucho daño. Estas tormentas no solo destruirán cosechas y destrozarán automóviles, sino que causarán también la muerte de muchas personas.

Observe los informes de intensas tormentas de hielo y granizadas en el futuro. Asimismo, prepárese para los inviernos más severos de todos los tiempos y para las nevadas que batirán marcas, en los Estados Unidos y el Canadá.

En relación a los últimos tres años los registros muestran que las granizadas han empeorado extremadamente, cayendo pedriscos más y más grandes. El tamaño de los pedriscos que habrán de caer llegará a ser casi increíble.

SEÑALES EXTRAÑAS EN LOS CIELOS — 10

La Biblia predice que en los últimos días aparecerán señales insólitas en los cielos —sangre, fuego, vapores de humo. Yo no sé el significado cabal de lo que el profeta Joel percibió en su visión, pero si sé que lo que yo he visto refuerza cada una de aquellas predicciones. Aparecerán señales extrañas y desconcertantes en los cielos y en las estrellas. En el transcurso de los siglos muchos profetas han visto visiones de un enorme cometa que choca con la tierra, desparramando una especie de contaminación de color rojo sangre sobre lagos, corrientes y océanos, y causando la aparición de señales insólitas allá arriba.

No he visto ninguna nueva revelación y tampoco puedo hallar ninguna Escritura que corrobore la visión de planetas que entran en colisión. Pero lo que yo he visto y puedo compartir sin reserva es que el Espíritu Santo confirma a mi corazón que las predicciones del profeta Joel serán realmente vistas y experimentadas por la presente generación.

Yo creo que los profetas vieron ya sea tormentas cósmicas de tal magnitud que para las gentes de la tierra las mismas parecían bolas de fuego que atravesaban flameantes el cielo, dejando tras de sí una estela semejante al vapor —ya sea una lluvia de estrellas fugaces o cometas que corrían a grandes velocidades a través de la atmósfera terrestre.

LA DÉCADA DEL DESASTRE — II

¿Cuándo tendrán lugar todas estas cosas? ¿Pueden hombres inteligentes, que se precian de tener mentes racionales, aceptar la idea de un Dios airado que derrama ira sobre la tierra por causa del pecado y la corrupción? ¿Viviremos realmente para ver el día en que personas civilizadas estén sentadas frente a un televisor y vean el reportaje de noticias de terremotos desastrosos que destruyen la vida de miles y miles de personas, o habrá un retorno a la normalidad? ¿Podemos pasar por alto todos los presentes cambios atmosféricos drásticos como que no son más que un ciclo por el cual el mundo está pasando? Después de todo, los científicos pueden señalar desastres ocurridos hace doscientos o trescientos años, que fueron tan trágicos como cualquier cosa descrita en este libro.

Yo creo que hemos pasado ya el punto sin retorno. Casi todo pronosticador del tiempo ha añadido a su vocabulario palabras o frases como: «increíble», «¿qué está ocurriendo?», «que supera toda marca», «extraño», «fantástico», «impronosticable», «de fuera de temporada», «inesperado» e «insólito».

Dondequiera los hombres honrados tienen una creciente sensación de que alguien, en alguna parte, está realizando experimentos con la naturaleza. Y, aun cuando la mayor parte de la gente cuenta con que las condiciones normales habrán de retornar pronto, otros como yo mismo, están plenamente convencidos de que estamos viendo tan solo el comienzo de un impronosticable y extraño estado atmosférico, y de los desastres que se avecinan.

¿CUÁNDO Y POR QUÉ? — 12

No sé cuándo sucederán todas estas cosas. Todas ellas no tendrán lugar simultáneamente. Estas copas de ira que Dios derramará sobre la tierra, serán concertadas por la mano sobrenatural de Dios. Todo lo que sé, y de lo que estoy realmente seguro, es que el Espíritu Santo me ha impulsado a prevenir a todos aquellos que atiendan, que estas cosas vendrán y las condiciones empeorarán.

Algunas de las predicciones de esta parte en particular de mi visión acontecerán durante los próximos años. Otros desastres pronosticados acontecerán en un futuro más distante, pero ciertamente vendrán.

De una cosa se puede estar muy seguro —no habrá otra cosa sino un total empeoramiento de las condiciones atmosféricas, un incremento en los terremotos, desastres inexplicables, y solo breves periodos de alivio. ¡Sé que esto es la pura verdad!

Tres

UNA INUNDACIÓN DE INMUNDICIA

VIENE UN DERRUMBE MORAL — 1

¡Ay de todos los habitantes de la tierra y del mar! porque el diablo ha descendido a ustedes con gran ira, para engañar, si fuera posible, aun a los elegidos y escogidos de Dios. ¿Y cómo intentará Satanás afligir y engañar aun al pueblo escogido de Dios? Yo creo que el intentará alcanzar su objetivo de seducir a los hombres creando un derrumbe moral. Abrirá las compuertas del infierno y procurará sumergir al mundo en la inmundicia erótica, en la obscenidad y en la sensualidad.

Este derrumbe moral sobrepasará todo lo que la mente humana sea capaz de imaginar. Ya un espíritu demoníaco de lujuria está pasando sobre muchos países, trayendo consigo desnudez, perversión y una inundación de inmundicia.

Un baño de obscenidad — 2

Este mundo afronta un baño de obscenidades tan intenso que el mismo afligirá la mente y el alma de algunos de los más devotos cristianos que viven hoy. La Biblia dice que Lot afligía su alma de día y de noche por las cosas que veía y oía en Sodoma. En breve los cristianos van a quedar expuestos a una corrupción moral y una sensualidad tan violentas, que será necesario estar bien agarrados de Dios para sobrevivir. Los que estén indecisos, en la cerca, van a recibir un golpe de mala suerte y van a caer, derrotados. Aquellos que no entren en el arca de seguridad de Dios, van a ser arrastrados con todo por esta avalancha de inmundicia.

Torsos desnudos en la televisión — 3

Las principales cadenas de televisión quedarán enredadas en este derrumbe moral. Voy a predecir que pronto en los programas de las cadenas de televisión se intentará introducir escenas de senos desnudos. Los torsos o bustos descubiertos serán la nueva moda de los que procuran liberalizar los medios de comunicación. Cuando desaparezca gradualmente la primera reacción de «alarma» a esta tentativa de presentar torsos al descubierto, seguirá la desnudez total. Esto será realizado con «elegancia» y buen gusto al principio, pero cuando la comunidad artística se una en un coro de alabanza por este «avance» en la libertad de los medios de comunicación, se abrirán las compuertas y entonces vendrá cualquier cosa. Hasta ciertos eclesiásticos aplaudirán la desnudez en la televisión y tratarán de explicarla como una sana evolución, pero poco se hará, en realidad, para detenerla. Sorprendentemente, aquellos que en forma efectiva hablarán claro contra ella, no serán los ministros ni los que se conocen como cristianos devotos —al contrario, serán ciertas celebridades de Hollywood y personalidades de la televisión.

PELÍCULAS CLASIFICADAS DE TRIPLE X EN LA TV DESPUÉS DE LA MEDIANOCHE — 4

Estemos sobre aviso, en un futuro no muy distante se comenzarán a exhibir las más perversas películas pornográficas clasificadas con las X, en selectas cadenas de televisión por cable después de la medianoche. La televisión por cable es ya el objetivo favorito de los «impulsores» de filmes pornográficos.

En algunas de las principales ciudades de los Estados Unidos, el Canadá y Europa se están exhibiendo ya películas pornográficas clasificadas de triple X (las más perversas). Esas películas vienen directamente de los productores de pornografía de Suecia, Dinamarca y los mismos Estados Unidos. Estas soeces películas presentan una desnudez total, el acto sexual, la homosexualidad, la perversión animal y el sadismo.

La gente pagará por recibir estas películas eróticas introducidas por conductores directamente en sus salas. De no tomarse precauciones, los niños podrán conectarlas accionando un botón y quedar expuestos a la perversión sexual del tipo más indecente.

Estas películas pornográficas llegarán a ser tan perversas y soeces, que hasta el ateo más liberal se ruborizará y empezará a quejarse. Junto con la explotación de todo tema sexual, se hará énfasis en la sangre, la violencia y las prácticas del ocultismo. Se glorificará a los demonios, los diablos y la hechicería. El más reciente tipo de desviación sexual será el concúbito entre demonios y seres humanos. En estas exhibiciones dramáticas se presentará al demonio como el padre de la sexualidad.

Se exhibirán asimismo películas que harán aparecer fascinantes el estupro, el suicidio y la violencia sexual masiva, terminando en la muerte, como el «viaje» final.

El nuevo acontecimiento importante en las películas pornográficas serán los denominados «documentales» de asesinatos homosexuales en masa, espeluznantes y estremecedores. ¡Serán anunciados como auténticas reproducciones, pero en realidad no serán otra cosa que genuina obscenidad!

Sexo y asesinato; sexo y muerte; sexo y sangre; sexo y tortura; sexo y violencia, estos son los temas de casi todas las películas pornográficas disponibles.

No estamos muy lejos del día en que se exhibirán películas clasificadas de R (regular) en la tanda principal de las cadenas de televisión. Las películas pornográficas en la televisión directa por cable llegarán a popularizarse tanto y a tener tal demanda, que las principales cadenas tratarán de competir exhibiendolas con tanto sexo y tanta violencia como puedan exhibir dentro de los límites legales.

PALACIOS DE PLACER — 5

Un creciente número de moteles se anunciarán como «palacios de placer». Por solo unos pocos dólares extras los huéspedes podrán disfrutar las más recientes películas clasificadas de triple X introducidas directamente por video a sus habitaciones. Ya no será necesario que la gente «decente» tenga que entrar en un sucio teatro de los barrios bajos para ver las últimas inmundas películas pornográficas. En vez de eso irán a un bello motel y disfrutarán de una exhibición privada para ellos solos. Esto se popularizará mucho entre los estudiantes de secundaria y universitarios, que se reunirán en grupos para celebrar tertulias pornográficas en las habitaciones de moteles.

Estarán asimismo disponibles para la venta las mismas cintas de vídeo clasificadas de triple X para uso privado en el hogar. Estas cintas de vídeo pueden ser «pasadas» en cualquier aparato de televisión por medio de un aditamento electrónico. Las tertulias pornográficas llegarán a ser un pasatiempo popular de los que viven en las zonas suburbanas.

SEXO EN EL QUIOSCO DE PERIÓDICOS — 6

Miles de quioscos o puestos de periódicos a través de todo el país, pronto estarán vendiendo revistas explícitamente sexuales que harán que la conocida revista «Playboy» parezca casi puritana. Hasta jóvenes que aún no han llegado a la adolescencia comprarán estas revistas que exhibirán desnudos a todo color, y todo tipo de actos sexuales.

Habrá una avalancha de revistas diseñadas especialmente para atraer el mercado femenino que destacarán desnudos masculinos. Incluso las revistas nacionales más estimadas se tornarán más eróticas en su publicidad y en su material.

Mucha de la pornografía venidera destacará una mezcla de perversión sexual y prácticas de ocultismo en un esfuerzo por atraer a aquellas personas que «lo han visto todo». Algunas de estas revistas pornográficas de venta en los quioscos locales hasta exaltarán el estupro, la vejación indecente de menores y el asesinato.

Casi todas las grandes ciudades de los Estados Unidos y Europa tenían ya quioscos de periódicos y tiendas de pornografía que exhibían estas mismas clases de libros. Pero en breve esto llegará a estar tan extendido, que el mismo material podrá ser adquirido en las tiendas de descuento y droguerías locales.

Los seductores, pornógrafos y hombres malintencionados van a mostrar desprecio por las leyes y las autoridades locales. Promoverán descaradamente su obscenidad, su inmundicia y su pornografía. Abrirán numerosos salones de masajes, vistas sicalípticas y estudios de «modelos». Si se les obliga a cerrar temporalmente volverán una y otra vez, con obscenidades aun peores que las anteriores.

EDUCACIÓN SEXUAL PARA PARTICIPAR EN EL ACTO — 7

En las clases de educación sexual de los últimos cursos de la escuela secundaria y en las de la escuela superior, se presentará el acto sexual en películas. Los diagramas que se están usando ahora serán animados. Predigo que no está muy lejano el tiempo cuando los estudiantes de los últimos cursos de secundaria, y los universitarios, serán expuestos a películas de educación sexual que presentarán el preludio del acto sexual y el acto en sí. Estas películas serán anunciadas como que «han sido preparados con muy buen gusto» por profesionales.

Se les dirá a los estudiantes que el amor homosexual es normal y que las relaciones sexuales entre los no casados son de desear «si cada cual tiene en alta estima al otro».

Esté al tanto y verá como el «sexo en dibujos animados» llegará a ser la próxima «innovación» en la educación sexual escolar. Muy moderados e inocentes al principio, estos dibujos educacionales del tipo de dibujos animados se tornarán progresivamente más explícitos y eróticos.

UN REVÉS TEMPORAL PARA LA OBSCENIDAD — 8

Justamente antes de este derrumbe moral surgirá un efímero movimiento contra la obscenidad y la pornografía, iniciado por elementos conservadores. Tendrá casi la apariencia de ser un movimiento nacional y ganará ímpetu al unirse los tribunales, grupos cívicos, iglesias y líderes del gobierno en un esfuerzo para detener este derrumbe moral. Las cortes promulgarán algunas leyes que parecerán favorables a las fuerzas que combatan la obscenidad.

Habrá muchas pláticas en torno al «saneamiento» de la televisión y de los quioscos de periódicos y revistas. Con mucha frecuencia aparecerán artículos en los periódicos y revistas sobre esfuerzos valerosos para rechazar la invasión de obscenidad y pornografía. Se alcanzarán algunas victorias temporales aisladas en distintos lugares, pero esas victorias serán de corta duración. Unos pocos ministros de la radiodifusión llevarán a cabo abiertamente una campaña contra la obscenidad, pero el entusiasmo y el apoyo decaerán pronto.

Los traficantes de obscenidades y pornógrafos profesionales no van a ceder sin luchar ni se van a dar por vencidos. Van a estudiar cada ley de la localidad y van a hallar resquicios y vías y medios para promover sus productos. La campaña de saneamiento que se lleve a cabo en los Estados Unidos y en otros países no tendrá éxito. La misma será una cruzada de corta duración, y luego seguirá un desbordamiento de inmundicia.

Se dice que el péndulo oscila de un extremo a otro. Muchos han estado diciendo con optimismo que hemos tenido toda la desnudez, inmundicia y obscenidad que la nación puede soportar, y que el péndulo está a punto de oscilar hacia el otro lado. Todo lo que llevo dentro de mí desea que esto pudiera ser así. Pero yo tengo la plena convicción de que la inundación de inmundicia que he visto venir, es la misma clase de inundación de que habló el profeta Nahum:

«Heme aquí contra ti, dice Jehová de los ejércitos, y descubriré tus faltas en tu rostro, y mostraré a las naciones tu desnudez, y a los reinos tu vergüen-

za. Y echaré sobre ti inmundicias, y te afrentaré, y te pondré como estiércol».

(NAHUM 3:5, 6)

VIENE EL PECADO DE SODOMA — 9

El pecado de Sodoma se repetirá otra vez en nuestra generación. De todos los pecados de que fue culpable Sodoma, los más atroces fueron las acometidas homosexuales realizadas por irritadas pandillas de sodomitas que procuraban vejar a personas inocentes.

Los asesinatos en masa se han vuelto corrientes en nuestra generación. Hemos presenciado el reportaje noticioso televisado de la masacre olímpica. Las juergas de asesinatos en masa se han vuelto tan frecuentes, que hoy en día las mismas casi se dan por supuesto. El mundo ya no se conmueve por estas tragedias, como en el pasado.

La Biblia dice: «Como sucedió en los días de Lot, así será en los días de la venida del Hijo del Hombre». He visto cosas en mi visión que me hacen temer por el futuro de nuestros hijos. Estoy hablando de desenfrenadas bandas callejeras de hombres homosexuales que asaltan en público a gente inocente en los parques, en las calles y en lugares secretos. Estas acometidas perpetradas por pandillas sodomitas vendrán con toda seguridad, y aun cuando probablemente no se les dará publicidad como tales, aquellos que pertenezcan a los círculos que imponen las leyes habrán de conocer, en toda su magnitud, lo que esté sucediendo.

UNA EPIDEMIA HOMOSEXUAL — 10

Hay solamente dos fuerzas que contienen a los homosexuales de entregarse completamente a su pecado. Estos dos frenos son: el rechazo de que son objeto por parte de la sociedad, y el repudio y las enseñanzas de la iglesia. Cuando la sociedad ya no rechace su pecado como algo anormal y los acepte plenamente y los estimule en su anormalidad, y cuando la iglesia ya no predique contra él como pecado y los conforte en sus actividades sexuales no existirá ninguna fuerza de impedimento para ellos. Las compuertas estarán abiertas, y se estimulará a los homosexuales a que continúen en su pecado. En mi visión he visto que se estaban eliminando estos dos impedimentos. Cuando se llegue a eliminar aquello que se opone, seguirá el caos.

Créame cuando le digo que no está lejano el día en que usted tomará el periódico local y leerá relatos sórdidos acerca de niños inocentes acometidos por desenfrenadas pandillas de homosexuales en los parques y en las calles de la ciudad. Las violaciones en masa vendrán tan seguramente como que están predichas en los Evangelios. Yo las veo venir en nuestra generación.

Veintisiete muchachos fueron asesinados en Houston, Tejas, por una pequeña pandilla de homosexuales. Este sórdido relato noticioso es el comienzo de muchos otros brotes tan trágicos.

Se puede esperar más de un escándalo homosexual en posiciones muy elevadas. La comunidad homosexual llegará a ser tan militante y desfachatada, que dentro de muy poco sus miembros harán ostentación de su pecado en charlas televisadas por las cadenas de televisión.

Veo muy claramente a los homosexuales manifestándose en gran número, y los crímenes de desviación sexual llegando a ser más numerosos y más depravados.

UNA APOSTASÍA — II

Las normas morales que rigen entre muchos eclesiásticos se desmoronarán. Las permutas de esposos y esposas irán en aumento, y muchísimos jóvenes simplemente vivirán juntos, sin casarse.

Una constante barrera de sexo y desnudez por todos los medios de comunicación afligirá la mente y el corazón de los más devotos hijos de Cristo. Esto hará que el amor de muchos se enfríe. Conducirá a la indiferencia y a la infidelidad. Será la principal causa de una gran «apostasía». Serán pocos los que le hagan frente a esta inundación de inmundicia, y los mismos serán considerados como que viven atrasados y «no marcan el paso» con una sociedad ilustrada y una iglesia más apropiada.

El aborto fácil, la píldora, y una creciente tolerancia sexual habrán de contribuir a una revolución de inmoralidad, la cual terminará, finalmente, en un bautismo de inmundicia tan extendido, que la mente humana será incapaz de admitirlo todo.

Los amantes de los placeres sexuales excederán mucho en número a los que aman a Dios. Esté enterado y prevenido, esta es una guerra en gran escala contra los escogidos de Dios.

Inmoralidad sexual en el ministerio — 12

El divorcio y la inmoralidad serán más y más comunes entre los ministros. Un creciente número de sacerdotes se verán involucrados en aventuras sexuales y abandonarán el sacerdocio. Otros continuarán en el sacerdocio pero mantendrán relaciones secretas. Un número siempre creciente de ministros protestantes van a «caer» en el pecado sexual, siendo gran parte de esas relaciones pecaminosas sostenidas en secreto.

Tengo la convicción de que incluso ciertas denominaciones evangélicas les otorgarán pronto credenciales a ministros divorciados. El divorcio entre los ministros ya no entrañará más un estigma. Distintas denominaciones de iglesias continuarán «revisando» su opinión al divorcio y se tornarán más indulgentes con cada nueva convención y conferencia. Viene un reblandecimiento hacia el divorcio en las iglesias y en el ministerio. Esta es una tendencia que no será detenida, aun cuando los cambios de actitud se desarrollan lentamente.

Me ha sido descorrido un velo y he tenido como si fuera una visión de lo que les está sucediendo secretamente a miles de ministros y de personas muy devotas. Bajo toda esa religiosidad y detrás de todos los falsos frentes se están manteniendo relaciones secretas, ocultas a los ojos de los hombres. Entre ellos están algunos de los más devotos y mejor conocidos. Algunos hombres y mujeres muy «religiosos» están engañando y entregándose a pecados sexuales secretos. Deploran su pecado y saben que su actitud nunca podrá aceptarse como correcta, pero parecen impotentes para contrarrestar la fuerza de este derrumbe moral personal. A menos que sean liberados milagrosamente, ello conducirá al naufragio y al desastre en muchos hogares e iglesias.

Veo venir el día en que todo verdadero ministro y sacerdote del evangelio habrá de enfrentar su hora suprema de tentación. Aquellos que pensaban que no eran susceptibles de tentación serán tentados de la manera más severa. Dios guardará y librará a los que se vuelvan a él de todo corazón. Aquellos que continúen flirteando y siendo indulgentes consigo mismo encararán una terrible hora de desesperación y de fracaso. Pronto Dios se las entenderá con el pecado secreto con tal furor, que sus juicios comenzarán a caer a derecha e izquierda en la vida de aquellos que persisten en sus pecados. Aquellos que abandonen los pecados sexuales secretos serán restaurados y sanados.

Lo que yo he oído y visto es un mensaje urgente procedente de la sala del trono de Dios: «Hay pecado en el campamento y debe ser purificado». Ha llegado la hora en que Dios va a poner el hacha a la raíz de los árboles. Él va a limpiar su casa y va a santificar sus vasos para el servicio en esta hora de oscuridad.

UNA TENTATIVA DE ÚLTIMA HORA PARA ENGAÑAR A LOS ESCOGIDOS DE DIOS — 13

He visto a la gente de Jesús de esta generación como los «últimos cristianos». Satanás va a venir como un ángel de luz, tan sutil, inocente e indefinible, que pocos reconocerán lo que les está ocurriendo. Él va a «camuflar» sus actividades y a intentar engañar a los cristianos con tentaciones que son legítimas en sí mismas, pero si se abusa de ellas, se tornan reprobables.

La tentación número uno para los postreros cristianos será la prosperidad. La Biblia advierte que en los últimos días muchos cristianos serán tibios, ricos, prósperos, y no necesitarán de nada. No hay nada de malo ni de pecaminoso en ser próspero y tener éxito. Muchos de los patriarcas de la Biblia fueron hombres ricos. Abraham era muy rico en ganado, en plata y en oro. Job era inmensamente rico, llegando a poseer 7.000 ovejas, 3.000 camellos, 500 yuntas de bueyes, 500 asnas, y tenía muchos criados y una gran casa. Sin duda Dios no está en contra de la riqueza ni la prosperidad, puesto que la Biblia dice que él «se complace en la prosperidad de sus siervos» (Salmos 35:27, traducción libre).

Sin embargo, veo a millares de cristianos seducidos por la prosperidad. Los postreros cristianos van a ser afligidos por la prosperidad y probados por ella más que por la pobreza.

En mi visión, veo a Satanás presentándose por última vez delante de Dios, como lo hizo para acusar a Job en la Biblia. Pero esta vez él viene con el propósito de pedir permiso para tentar a los postreros cristianos. He aquí lo que veo:

Y Jehová dijo a Satanás: ¿De dónde has venido?
Satanás contestó: De rodear la tierra y de observar
a los postreros cristianos. Y Jehová dijo a Satanás:
¿No has considerado a estos cristianos de los últi-
mos tiempos —cuán consagrados, cuán rectos, cuán
temerosos de Dios y amantes de Cristo son? ¿Y cómo
tratan de apartarse de tus perversos enredos? En-
tonces Satanás respondió a Jehová: Sí, pero quita
nada más el vallado con que los has rodeado. Job
no renegaba de ti en su pobreza— pero solamen-
te multiplica los bienes de todos los postreros cris-
tianos y bendícelos mucho más allá de todo lo que
Job tuvo jamás, y luego mira lo que ocurre. Haz a
todos estos postreros cristianos opulentos como Job.
Constrúyeles elegantes casas nuevas —dales auto-
móviles finos— todo el dinero y todos los artefac-
tos que necesiten. Abrúmalos con equipo de acam-
par, lanchas, viajes por el mundo, ropa fina, comi-
das exóticas, tenencia de tierras y cuentas de aho-
rro. Observa lo que les ocurre a tus cristianos de los
últimos tiempos cuando se lleguen a repletar, a en-
riquecer, cuando vean incrementados sus bienes, y
no tengan necesidad de nada. Abandonarán a Dios
y se volverán autosuficientes.

Y yo veo cómo los automóviles, la ropa buena, las moto-
cicletas y toda clase de bienes materiales llegan a ser para
los cristianos, un impedimento mayor que las drogas, el
sexo o el alcohol. Veo a miles de cristianos apegados a las
cosas materiales y obsesionados por ellas. Se hallan tan
envueltos en las cosas materiales, que se vuelven tibios,
obcecados, débiles y espiritualmente desnudos. Aun estan-
do en medio de todo su materialismo, son desventurados,
miserables y totalmente descontentos.

En mi visión veo a Satanás parado atrás y riéndose alegremente:

¡Mira a todos los cristianos que se vuelven locos por el dinero, a todos los que amontonan buena ropa! ¡Atacados por la manía de la seguridad! ¡Haciendo montones de dinero! ¡Comprando todos los muebles nuevos! ¡Adquiriendo carros más grandes! ¡Comprando dos o tres de ellos! ¡Comprando, plantando, vendiendo, casándose, y divorciándose! Esto arruinó la generación de Lot. Y te arruinará a ti también.

Fíjate cómo todos esos cristianos que reciben buenos sueldos, que viven una vida cómoda, que acostumbran a comer bien, se vuelven perezosos, tibios, y llegan a ser presa fácil. ¡Oh Dios, derrama prosperidad sobre ellos! Les está llegando a muchos de ellos y está haciendo más fácil mi trabajo

El Dios que es dueño del ganado de un millar de colinas no quiere nada de lo que el hombre posee. Ni su casa, ni su carro, ni sus ropas, ni su lancha automóvil, ni su acuaplano. Él solo quiere tener el primer lugar en el corazón de aquellos que se llaman a sí mismos por su santo nombre.

CRISTIANOS DEL ESPÍRITU SANTO OSCILANTES — 14

Veo a muchos de los cristianos de los últimos tiempos que una vez fueron amadores de Dios, encaminándose al naufragio por su obsesivo amor al placer. Aquellos que aman a Dios no encuentran placer ni en las drogas, ni en las relaciones sexuales ilegítimas, ni en el alcohol, ni en el tabaco, ni en las obscenidades. Y el diablo sabe esto. La mayor parte de estos placeres carnales ofende al cristiano y le causa repulsión en él. Veo a millares de cristianos sentados en teatros exponiéndose a influencias degradantes que antes aborrecían. Estos no se han entregado a ningún pecado en particular, pero se han acomodado muy bien a su afición a las películas picarescas, a las fiestas muy concurridas, a las reuniones sociales, y a saborear el vino. Estos cristianos aman a Dios realmente, pero aman todavía más sus placeres. En realidad no son pecadores delante de Dios, solo desconocidos para él. Se han vuelto tan ocupados oscilando y procurando vivir una vida cristiana liberada, que han cambiado drásticamente sin saber en qué se han convertido.

El súbito rapto de los cristianos desde la tierra tomará a muchos de ellos desprevenidos. Se han vuelto unos callejeros socializados que paran poco en la casa y que ya no pueden encontrar una hora para hablar con Dios en una pieza secreta de oración.

Yo veo que el pecado del futuro será el mal empleo del tiempo libre. Esto no tiene que ver nada con una oportunidad de pasarse unas semanas de vacaciones. No es el tiempo que se emplea en un viaje turístico por Europa o por Tierra Santa. No es una excursión de caza o de pesca. No son las horas pasadas cabalgando sobre las marejadas en un acuaplano, ni deslizándose sobre patines acuáticos, ni paseando en bote o a caballo. Todas estas cosas son lícitas y buenas en sí mismas. Yo estoy refiriéndome a todo el tiempo que se pierde. El tiempo que tiene uno para sí mismo, para escoger qué va a hacer con él. Tiempo que pudiera ser empleado para leer la Palabra de Dios. Tiempo que pudiera pasarse en el cuarto secreto hablándole al Padre Celestial.

Veo a Satanás venir de nuevo para acusar al cristiano de los últimos tiempos:

¡Mira al cristiano de estos últimos tiempos, el enviciado con la televisión! Míralo, horas y horas dedicados para novelas en serie televisadas, comedias, deportes, pero no tiene tiempo para estar a solas con Dios. Este cristiano desconecta a Dios con un conmutador. Va de caza, de pesca, de viaje; juega al tenis, al golf y al baloncesto. Va al cine y a fiestas, y se ha vuelto callejero, pero no tiene tiempo para leer su Biblia u orar. ¿No es este el cristiano de los últimos tiempos que se supone que ande por la fe? ¿No es este aquel cuya fe vencerá al mundo? ¿No es este aquel que va a prepararse para los días de persecución y de caos mundial que vienen? ¿Son estos cristianos buscaplaceres sobre los cuales el fin del mundo va a caer?

El mayor pecado del futuro contra Dios no es deshonrar el cuerpo, satisfacer la carne, ni siquiera blasfemar su nombre. El pecado más grande contra Dios ahora es simplemente ignorarlo a él, en un día y una época en que él está llamando tan claramente. Vea una evolución irónica. Los cristianos de estos últimos tiempos que viven más cerca del retorno de Cristo que los primitivos cristianos, pasan el menor tiempo de todos en su presencia.

El mensaje del juicio que viene y del retorno de Jesucristo no será comprendido por tantos cristianos, por la misma razón que por el mensaje y la sentencia pendiente no penetraron hasta el corazón de la generación de Noé, porque estaban tan enamorados del placer de comprar, vender, plantar y hacer el amor.

Una guerra de habladurías — 15

Yo sé ahora que Satanás ha declarado la guerra contra todo verdadero ministro de Jesucristo. Él no dejará una piedra sin mover en un intento por desacreditar y hundir a todo hombre de Dios que esté determinado a permanecer fiel. Aquellos ministros y sacerdotes que rehusan engañar a su esposa, que rehusan condescender con la libertad de la nueva moralidad, van a ser el blanco de la más ruin habladuría de todos los tiempos. Satanás va a levantar «agentes de murmuración» para vejarlos, difamarlos e inventar mentiras contra ellos.

Me inclino a creer que Billy Graham y otros grandes evangelistas en todo el mundo habrán de encarar más y más ridículos, habladurías y malentendidos de parte de la prensa y de la gente liberal en los medios de comunicación. Cada motivo será puesto en tela de juicio y conjeturado. Cada afirmación será examinada y repreguntada.

Los ministros que pensaban que no tenían enemigos en el mundo, despertarán para descubrir que alguien está hablando de ellos. Los pastores de iglesias van a enfrentar la más maliciosa murmuración de todos. Las insinuaciones, mentiras y falsas afirmaciones que estarán flotando alrededor, vendrán desde las mismas profundidades del infierno.

Será una demostración sobrenatural de los poderes demoniacos. Ni un solo verdadero ministro del evangelio quedará inmune. Las esposas de los ministros serán también blanco del ataque.

Legiones de espíritus mentirosos han sido soltados en el mundo con el solo propósito de acusar a los cristianos mediante la habladuría y la difamación. Esta guerra de murmuración no solo será dirigida contra los ministros del evangelio, sino contra todos los verdaderos creyentes en Jesucristo, de todas las razas y todos los credos.

UN AUMENTO DE FALSAS DOCTRINAS — 16

Los hombres preferirán las falsas doctrinas y las nuevas ideas en vez de la verdad de la Santa Palabra de Dios. Se amontonarán en derredor de maestros que ofrecerán «nuevos pensamientos y revelaciones». Hombres y mujeres acudirán a las profecías y enseñanzas de hombres, antes que prestar atención a las doctrinas de la verdad. Escucharán a espíritus seductores y a doctrinas de demonios.

Nos hallamos frente a una hora de extremos de evangelios, en la cual los hombres buscadores, que tienen comezón de oír, se irán tras ministros que se presentan como «ángeles de luz», pero que en realidad están predicando y enseñando herejías. Las nuevas doctrinas usarán el nombre de Jesús liberalmente y estarán adornadas con aderezos de ascetismo, abnegación y fuerza de voluntad.

Un temor de posesión demoníaca se apoderará de muchos cristianos sinceros. Acudirán a maestros que hablan más a menudo del poder de Satanás que del poder de Dios. He visto, sin embargo, que este movimiento hacia un temor de Satanás dentro de la iglesia será de breve duración. Aquellos que continúan poniendo énfasis en la posesión satánica de cristianos retornarán a la ley antigua y a una vida de obras. Asimismo, un número creciente de cristianos sinceros venderán todo y se incorporarán a comunas de tipo cristiano que presentan un modo de vida tipo monasterial, y un conjunto de leyes mediante las cuales allegarse a Dios.

Un falso movimiento de Jesús — 17

Surgirá un movimiento de falsa «gente de Jesús» que pondrá mucho énfasis en echar fuera demonios. Esa gente pretenderá sanar enfermos y realizar aparentes milagros. Estarán involucrados en la alimentación de los poderes y la predicación de un gran amor. Pero entre ellos habrá falsos profetas que nunca se habrán rendido totalmente a Cristo. Son los que predican el amor en su nombre, pero que continuarán en sus pecados antiguos y en su rebelión. Son obreros de iniquidad que son instrumentos de Satanás para desacreditar el verdadero movimiento de Jesús.

La Biblia predice que muchos de los que forman esta falsa gente de Jesús estarán delante del trono de Dios y dirán:

¿Señor, Señor, no profetizamos en tu nombre, y en tu nombre echamos fuera demonios, y en tu nombre hicimos muchos milagros?

(MATEO 7:22)

Pero el Señor les dirá:
Nunca os conocí; apartaos de mí, hacedores de maldad.

(MATEO 7:23)

Estoy convencido de que esto se refiere a esa falsa gente de Jesús que se puso a predicar en su nombre, operando albergues de protección para muchachos fugados del hogar, proporcionando alimentación a los pobres y vistiendo a los descamisados, todo en el nombre del amor de Cristo, pero sin vivir la vida crucificada, rendida y resucitada de Jesús. Ellos blanquearon sus pecados y añadieron a Jesús encima de todo ello. Daban saltitos de alegría y le danzaban a Jesús, pero no habían estado nunca en el Calvario para que sus pecados fueran lavados.

Cuando venga la hora de la persecución esta gente retornará a su sexualidad y a sus drogas, y a su antiguo modo de vida. Solo aquellos que se han rendido totalmente a Jesucristo y hayan sido limpiados con su sangre sobrevivirán.

RENACIMIENTO DEL VERDADERO MOVIMIENTO DE JESÚS — 18

Sufriendo persecución y consciente de las señales de los tiempos, un ejercito de verdaderos seguidores de Jesús seguirá surgiendo como comandos. Serán parte de una iglesia subterránea a la cual veremos ¡predicando el retorno de Cristo y el fin de los tiempos! Serán como una espina en el costado de la iglesia ramera, y producirán remordimiento y comezón en las conciencias de los hombres por su devoción y poder espiritual. Los adoradores del demonio estarán en conflicto abierto con todos estos verdaderos seguidores de Jesús. Solo aquellos que vivan por la verdadera fe podrán discernir las «huestes espirituales de maldad» en las regiones celestes.

Cuatro

EL PROBLEMA JUVENIL NÚMERO UNO DEL FUTURO

*E*l problema juvenil número uno del futuro será el *aborrecimiento de los padres*. Dentro de poco el mundo va a quedar escandalizado por miles y miles de adolescentes que declaran: «Odio a mis padres».

Estamos entrando ahora en ese período en que los peores enemigos del hombre serán los miembros de su propia familia: el padre contra el hijo, la madre contra la hija, y los parientes políticos que se odiarán el uno al otro. El mayor problema de un adolescente será cómo convivir con sus padres.

Ya ese odio hacia los padres se está extendiendo como un cáncer por todo el mundo. Los adolescentes que se ven obligados a vivir con padres hipócritas están aprendiendo a odiarlos. Ya no es más un resentimiento de índole inocente que puede pasar con la edad. Es un odio real que hace enemigos mortales de los parientes más próximos.

Una nueva droga sexual — 2

No tengo la menor duda de que pronto el mercado negro confeccionará una nueva droga sexual que distribuirá entre los adolescentes y estudiantes. Esa droga destruirá la restricción moral y llevará a miles de adolescentes a practicar una actividad sexual promiscua: Al propio tiempo veo un tremendo cambio que viene en toda la cultura de drogas. Con excepción de esta droga sexual que estoy prediciendo que vendrá, esta generación no estará condenada a las drogas.

La marihuana será legalizada. Todo lo que no podemos manejar, lo legalizamos. Pero la marihuana legalizada llevará al hastío. Habrá más adultos insatisfechos que fumen marihuana que adolescentes en pos de una emoción. Esta hierba será un problema de adultos en el futuro.

El LSD, la anfetamina y otros psicodélicos llegarán a ser cada vez menos populares. Predigo que los estudiantes se dirigirán más a los valores espirituales que a los valores químicos. Siempre tendremos problemas de drogas en este país, pero no serán aproximadamente tan grandes como el problema del odio en el hogar.

Aumentará el alcoholismo entre los adolescentes — 3

Al tiempo que se está prestando tanta atención al abuso de las drogas, un número creciente de adolescentes y estudiantes recurrirán a la bebida. Tendremos que encarar el crítico problema de darse a la bebida los adolescentes de trece a dieciséis años de edad. Este problema es, en parte, un retroceso a partir de toda la enseñanza impartida en nuestras escuelas sobre los peligros que encierra el uso de narcóticos. Hemos tenido éxito en ahuyentar a la juventud preadolescente de las drogas fuertes, pero no hemos hecho énfasis sobre los peligros del alcohol. En consecuencia, una gran cantidad de muchachos a quienes sus padres les habían dicho que los hábitos de beber paternos no habían sido tan malos como los hábitos de narcóticos de los adolescentes, han decidido soltar las drogas y dedicarse al alcohol.

Sin embargo, aun cuando estoy vaticinando un trágico aumento en el alcoholismo entre los adolescentes, asimismo estoy convencido de que este no será un problema tan grande como el resentimiento hacia los padres. En realidad, el resentimiento hacia papá y mamá será la razón del por qué muchos habrán de darse a la bebida

SE ESTÁ PROVOCANDO A LOS MUCHACHOS — 4

La Biblia advierte a los padres que no provoquen a la ira a sus hijos, pero la inmensa mayoría de los padres está ignorando este mandamiento. En el pasado, cuando la juventud se sentía traicionada y provocada por la institución y por el gobierno, se lanzaban a la calle efectuando demostraciones, armando alborotos y haciendo resistencia. Odiando a los políticos y despreciando a los dirigentes del gobierno, los estudiantes expresaban su indignación intentando derribar el sistema. La revolución se ha aquietado temporalmente, y en el presente muchos antiguos rebeldes están tratando de trabajar dentro del sistema para cambiarlo. ¡Pero tenga cuidado! La indignación que llevó a los estudiantes a alborotar en las calles está bullendo aún bajo la superficie. Ahora va dirigida contra los padres hipócritas que predican una cosa a sus hijos adolescentes, en tanto que ellos mismos viven de otra manera. Veo venir una creciente marea de enojo especialmente entre los adolescentes, y la misma va a estallar como una nueva forma de demostración dentro del hogar.

El odio se va a extender. Conforme los padres provocan a ira a sus hijos con pobres ejemplos y tratándolos con ásperas actitudes, este odio echará profundas raíces y hará que muchos abandonen el hogar y huyan con la esperanza de encontrar comprensión.

Ni los ministros del evangelio podrán escapar de este problema venidero. El resentimiento y la rebelión de una parte de los adolescentes herirá los mejores hogares en este país. Será un odio y un resentimiento que causará vértigos y espantarán a los padres. Muchos de ellos no sabrán cómo hacerle frente a este problema y la mayor parte de los padres ni siquiera comprenderán cómo y dónde comenzó todo eso.

Una cosa es evidente: los padres se van a sentir traicionados, indeseados y odiados. Este odio y resentimiento se extenderá tanto, que estoy convencido de que habrán de ser en un futuro muy próximo el problema número uno del país.

Disputa sobre las modas — 5

Las modas cambiantes seguirán siendo uno de los principales factores causantes de esta crisis en la comunicación entre padres e hijos. Los padres, confundidos por la rápida marcha del cambio, reaccionarán con una firme disciplina, pero sin mucho amor ni comprensión. Los estilos de llevar el cabello, ropas malolientes, la música extravagante y las actitudes indolentes respecto al vestir seguirán siendo la causa principal de la mala inteligencia. Los adolescentes del futuro ni siquiera comenzarán a comprender el punto de vista de sus padres y simplemente los «desconectarán». Esto conducirá al naufragio y al desastre en muchos hogares.

Los padres demasiado estrictos van a ser entre todos los más duramente castigados. Es un esfuerzo honrado por mantener las normas anticuadas algunos padres van a encontrar necesario ejercer una gran presión sobre sus hijos adolescentes para conformarlos a sus ideas en lo que a vestir y comportarse se refiere. Pero las presiones entre sus propios compañeros serán tan fuertes, que harán que muchos adolescentes sinceros acepten las ideas de sus propios amigos y rechacen las reglas de sus padres.

Por otra parte, aquellos padres que se vuelven demasiado tolerantes y permiten a sus hijos adolescentes que se vistan y actúen como les place, pronto descubrirán que los adolescentes no sabrán cómo manejar tanta libertad tan temprano en la vida. Estos irán demasiado lejos, demasiado aprisa, y al propio tiempo, se resentirán con sus padres por no proporcionarles alguna clase de disciplina. Los padres encontrarán cada vez más difícil saber cómo entendérselas con las cambiantes maneras y modas. Requerirá dirección sobrenatural y divina, y solo aquellos a quienes el cielo les conceda sabiduría sabrán cómo hacerle frente a este problema.

REACCIÓN CONTRA EL VACÍO ESPIRITUAL — 6

El resentimiento y la rebelión que veo venir entre los adolescentes serán causados, en parte, por el vacío espiritual que hay en muchos hogares.

Ultimamente los padres desprovistos de toda espiritualidad han estado disuadiendo a sus hijos de que se relacionen con los «fanáticos de Jesús». Los padres se han vuelto más interesados en su propia posición social que en la condición espiritual de sus hijos.

En el transcurso de esta próxima década los adolescentes van a enfrentar crisis apocalípticas. Van a estar viviendo en un mundo que se va a conmover hasta sus mismos fundamentos. Habrá guerras, rumores de guerras y angustia de las gentes en todo el mundo. Habrá calamidades, terremotos, pestilencias y variaciones atmosféricas drásticas, que espantarán y alarmarán su mente joven.

Aquellos padres que han descuidado el proporcionar a sus hijos dirección espiritual y esperanza en las cosas eternas, van a enfrentar un día de retribución. Los adolescentes se van a resentir con sus padres porque los han privado de esta experiencia y este conocimiento.

El hogar que no ha tenido Dios, ni iglesia, ni instrucción espiritual, ni Biblia, ni hambre de Dios, se encamina directamente al desastre. No estoy predicando ahora; estoy profetizando. Voy a predecir que los adolescentes criados en tales hogares se van a volver contra sus padres, llenos de rencor, odio y rebelión.

Vendrá un radical más joven — 7

Los radicales del futuro inmediato serán más jóvenes que los de hoy, mejor educados y totalmente alejados del padre y de la madre. Estamos a punto de recoger una trágica cosecha como resultado de estos recientes años de negligencia, apatía, tolerancia y paternalismo exagerado de los padres, y una proporción astronómica de divorcios.

Muchos de estos radicales serán jóvenes preadolescentes, que se expresarán en sus propios periódicos clandestinos contra la hipocresía de los padres.

Los miembros de las pandillas de adolescentes del futuro, en nuestras principales ciudades, serán más jóvenes, más viciosos, y tendrán más inquina a sus padres. Los miembros de estas «pandillas infantiles», que se habrán criado viendo los crímenes de la televisión, con «almuerzos de televisión» y con niñeras de ocasión (con los padres ausentes), se volverán contra sus padres con saña. Muchos de estos muchachos y muchachas jóvenes ya se sienten como si fueran totalmente extraños a su padre y a su madre. Para ellos será fácil odiar porque habrán conocido muy poco cómo es el verdadero amor.

VIENE EL DÍA DE RETRIBUCIÓN PARA EL DIVORCIO — 8

La batalla de vida o muerte por la supervivencia para millones de inocentes niños se perderá a causa del divorcio. Hoy en día uno de cada dos matrimonios y medio termina en divorcio, y el día de retribución está a punto de llegar. Al tiempo que el divorcio ha llegado a ser epidémico, más y más niños van quedando marcados y lesionados como resultado del mismo. Los hogares de algunas de las parejas más «ideales» están ahora disolviéndose, y los niños se hallan atrapados en el medio.

Imagínese un ejército de millones de niños y niñas que han recibido lesiones y cicatrices traumáticas debido al divorcio y la separación de sus padres, que están creciendo ahora, entrando en la adolescencia o como jóvenes adolescentes, listos para ajustar cuentas. Se les ha enseñado a odiar a uno de los padres, o a ambos, porque no se les había dejado posición intermedia. Esta es una revolución que se ha salido de las calles para entrar en los hogares.

MUERTE A LOS PADRES — 9

La Biblia predice claramente que vendrá el día en que los hijos e hijas delatarán a sus padres, y levantándose contra ellos, aun los harán morir. Nunca pude entender esa profecía hasta ahora. En realidad significa que estamos frente a una guerra no declarada en nuestros propios hogares, siendo esos niños de su propia familia los peores enemigos del hombre —el padre volviéndose contra el hijo, la madre contra la hija— y frente a una prevaricación de todos los lazos familiares.

Muchos padres «morirán mil muertes» a causa de la trágica prevaricación de sus mismísimos hijos. Pero esos hijos van a prevaricar por lo que ellos creen que es una razón legítima. Muchos de estos padres ni siquiera han tratado de evidenciar esto. Se han ido complicando tanto con sus propios problemas y empeños, que han tenido poco tiempo, o ninguno en absoluto, para atender a sus hijos con respecto a los problemas que los preocupan. Se ha dejado que los muchachos manejen sus propios problemas y ellos no pueden resolverlos. Han sido testigos de cómo sus padres se engañan uno al otro, cómo mienten, pelean y se desbocan.

Rebelión de los hijos de predicadores — 10

Entre los que se levantan rebelándose estarán los hijos e hijas de ministros, quienes un día se plantarán frente al papá (o la madre) y le dirán con odio:

Eres un falso. Has estado predicando una cosa y viviendo otra. Dijiste que los problemas de tu matrimonio eran imposibles de solucionar, y sin embargo, esperas que yo resuelva problemas imposibles, sin darme por vencido. ¡Piérdete ahora, viejo! Y no vengas más a predicarme. Tú no has podido resolver los problemas en tu vida, así que no tienes absolutamente nada que decirme.

La Biblia dice que las madres piadosas vivirán para ver crecer a sus hijas y oírlas bendecir a su madre. Pero en esta próxima década muchas, muchísimas madres van a vivir para ver a sus hijas crecer y oírlas luego maldecir a su madre. Se levantará una generación de muchachas adolescentes y maldecirá a una generación de madres que se han enredado en el mundo sensual de la bebida, la parranda, los cigarrillos, el engaño y el divorcio.

Hay algunos casos en que no se puede evitar el divorcio. Sin embargo, en esos casos Dios tiene una vía para balancear los libros y conservar unido el hogar. Los hijos pueden sobrevivir sin rencores ni rebeliones, y aun pueden amar a sus padres cuando la situación irreconciliable se haya remediado mediante la oración y el poder de Dios.

Menos huidas del hogar — 11

En el curso de la próxima década habrá menos fugas y más muchachos que permanecerán en el hogar para hacer desdichados a sus padres. La mayoría de los padres no desea pasar el disgusto de dar parte de la desaparición de sus hijos, y prefieren tenerlos en casa y dejar que hagan lo que quieran, antes que exponerse a la molestia de una fuga del hogar. En el futuro los padres les van a aclarar bien a sus hijos adolescentes que no tienen necesidad de huir del hogar. Muchos padres simplemente se van a dar por vencidos y le van a decir a su hijo: «Toma lo que quieras; haz como te plazca, solo que no te vayas de la casa».

Los motivos que en otro tiempo solo se encontraban afuera en la calle, ahora se encuentran en muchos hogares. Será posible ser en el fondo un «fugado» y no obstante permanecer en el hogar. Los muchachos podrán hacer caso omiso de sus padres, vivir bajo el mismo techo, pero ni siquiera comunicarse con ellos. Ni siquiera se esperará de ellos que les hablen a sus padres, y se tendrá muy poca esperanza en cuanto a una comprensión o amistad. Serán como enemigos que viven en una zona de guerra bajo una tregua.

Infierno para los hipócritas — 12

Los padres que fuman, beben y engañan, al tiempo que sermonean a sus hijos con respecto al comportamiento, perderán completamente toda influencia sobre sus hijos a causa de su propia hipocresía. Los jóvenes ya no estarán en disposición de obedecer a padres que predican una cosa y hacen otra. Los jóvenes demandarán de sus padres: «Demuéstramelo primero». Los padres que sorben cócteles y fuman un cigarrillo tras otro ya no podrán decirle más a sus hijos que «dejen de fumar marihuana». Veo venir, en un futuro no muy distante, un total apartamiento de los jóvenes de las hipocresías de los padres.

Los predicadores que fuman y luego se paran en el púlpito a predicar contra el abuso de las drogas entre los adolescentes serán objeto de burla por su hipocresía. Los ministros y padres que han excusado sus manías y hábitos diciendo que son menos pecaminosos que los hábitos y pecados de los adolescentes van a tener que dar una explicación. La predicación de los hipócritas perderá toda su influencia.

UN ANHELO SOBRENATURAL DE AMOR — 13

Al tiempo que muchos hogares se están desmoronando; que el número de divorcios están aumentando y que muchas vidas están naufragando, veo desarrollarse por todo el país entre la juventud una verdadera hambre de esa seguridad que brindan un amoroso hogar y una amante familia. Este anhelo se tornará más profundo en el curso de los años que tenemos inmediatamente delante. En tanto que el odio abunda y el resentimiento crece, habrá un clamor por el amor y la dirección de los padres.

UNA CONTRARREVOLUCIÓN DE AMOR — 14

La Biblia predice que cuando el enemigo llegue como por una avenida, el Espíritu de Jehová levantará un estandarte contra él. En medio de esta revolución del hogar, veo una contrarrevolución en desarrollo. Oigo el clamor lloroso y acongojado de miles y miles de jóvenes que suspiran por vivir en un hogar donde haya paz, seguridad y amor. Y Dios va a intervenir. Va a haber un despertamiento sobrenatural en medio de esta rebelión. El Espíritu Santo va a sanar y a restablecer a muchos. Él hará volver el corazón de muchos niños a sus padres y los reunirá de nuevo. Esto, desde luego, es solo para aquellos que prestan atención a la llamada del Espíritu.

Veo al Espíritu Santo sanando los corazones y las mentes de los niños frustrados por los hogares destruidos. Veo una esperanza y curas milagrosas en medio de la desesperanza y la contusión.

Cinco

LOCURA DE PERSECUCIÓN

VIENE UN «ESPÍRITU DE PERSECUCIÓN» — 1

V eo venir una hora de persecución tal como nunca antes ha presenciado la humanidad. Esta será una persecución de los verdaderos creyentes de Jesús, que surgirá en breve como un monstruo de muchas cabezas que sale del mar. Comenzará lenta y artificiosa, viniendo en un momento que la libertad religiosa parece estar en el máximo. Se extenderá por todo Estados Unidos, Canadá, y el mundo entero y se convertirá, finalmente, en una especie de locura.

Un espíritu de anticristo entrará en el corazón de ciertos hombres que estén en altos puestos, en el gobierno y en el sistema judicial, haciendo que estos funcionarios se empeñen en realizar maniobras legales destinadas a hostigar a las iglesias, misioneros y ministros independientes. Ya existen muchas evidencias de que este hostigamiento ha comenzado en el presente. Veo venir el tiempo cuando casi todos los proyectos misioneros evangélicos, todas las programaciones religiosas de radio y televisión, y todas las sociedades misioneras incorporadas serán sometidas a control, objetadas y molestadas tan estrechamente, que los mismos tendrán mucha cautela en extenderse en cualquier área.

El surgimiento de una superiglesia mundial — 2

Veo la formación de una superiglesia mundial, que consistirá en una unión entre los protestantes ecuménicos liberales y la iglesia católica romana, que se unirán políticamente de la mano, creando una de las más poderosas fuerzas religiosas en la tierra.

Esta superiglesia mundial será espiritual solo de nombre, y usará desembarazadamente el nombre de Jesucristo, pero de hecho será anticristo y política en muchas de sus actividades. Esta poderosa unión de iglesias estará profundamente implicada en la asistencia social, en tremendos programas de caridad, y en ministerios piadosos. Sus dirigentes harán declaraciones arrolladoras con respecto a satisfacer las necesidades del género humano emitiendo un llamado por una renovada labor social e intervención política, y por una mayor voz en los asuntos mundiales.

Una repentina serie «misteriosa» de acontecimientos — 3

Justamente cuando parezca que el movimiento ecuménico está casi muerto, una serie bastante misteriosa de acontecimientos dará origen a la estructura de esta unión. Roma insistirá en obtener muchas concesiones de los líderes ecuménicos protestantes, y las recibirá. El Papa será considerado más un jefe político que un líder espiritual de esta gran unión. A su vez, los líderes protestantes del movimiento ecuménico insistirán en obtener ciertas concesiones de Roma, y las recibirán. No se les pedirá a estos que consideren al Santo Padre como la cabeza infalible de la iglesia, y aceptarán su jefatura política sin aceptar su papel como sucesor de Pedro.

No estoy sugiriendo en modo alguno que el Papa o algún otro dirigente eclesiástico involucrado en esta organización de superiglesia vaya a estar comprometido en actividades de anticristo. La Biblia tiene mucho que decir en relación con este asunto, pero no me corresponde a mí, en este momento especular sobre este tema. Sin embargo, si veo algo que me espanta. Veo un ejercito de gente profesional que invade los puestos más influyentes de esta organización de superiglesia. Muchos de ellos serán personas impías, con mentalidad de anticristo, obsesionadas con el concepto de que esta superiglesia debe llegar a ser un poder político, suficientemente fuerte como para poder ejercer presión sobre todos aquellos que se oponen a sus actividades. Mientras aquellos que ocupen los cargos más elevados en la dirección estén hablando acerca de milagros, amor y reconciliación, los asalariados que trabajen bajo sus órdenes estarán molestando y persiguiendo a las organizaciones religiosas que se oponen a su hegemonía.

La formación de esta superiglesia mundial principiará en una forma modesta. Comenzará con un estudio cooperativo informal y con programas de investigación. Se iniciarán otros programas cooperativos sin ser encomendados en forma legal u obligatoria por los protestantes ni los católicos. Pero se unirán dirigentes protestantes liberales de Inglaterra y los Estados Unidos a teólogos católicos liberales de Europa para apremiar un «milagro ecuménico».

La amalgamación legal y política es aún bastante remota, pero ya se está elaborando la estructura informal para la unión.

Los homosexuales y las lesbianas acogidos con agrado por la superiglesia — 4

Veo a esta superiglesia aceptando entre sus miembros bajo el pretexto de «comprensión», a homosexuales y lesbianas. La jefatura de esta unión de iglesias vindicará el amor homosexual y lesbiano, y no solo se le dará buena acogida, sino que se le estimulará.

Se ordenará como ministros a homosexuales y lesbianas y se les darán cargos de autoridad en esta unión de iglesias, y serán proclamados como una nueva generación de pioneros que introducen nuevos conceptos de amor y evangelismo.

Veo venir, en casi toda ciudad grande de los Estados Unidos y de otras partes del mundo, iglesias de homosexuales y lesbianas que ministran exclusivamente a las necesidades espirituales de los de su propia clase, con pleno reconocimiento y respaldo de la religión organizada. Se distribuirá literatura de Escuela Dominical y de iglesia en un plan de estudios, que sugerirá a los niños y adolescentes que la homosexualidad es una forma normal y aceptable de práctica sexual cristiana.

Lo más trágico de todo es que veo venir el día en que la mayor parte de los homosexuales ya no procurarán ayuda de la iglesia. En cambio, serán defendidos por la superiglesia, y serán admirados por su coraje y buena voluntad de ser diferentes. Esta superiglesia se acomodará a las debilidades humanas de la carne y se dispondrá a confortar a la humanidad en sus pecados. Se tachará de tener complejos de culpabilidad a los predicadores anticuados «condenadores del pecado», que hablan claro contra las extravagancias de aquellos a quienes una vez se consideró candidatos para la asistencia y el asesoramiento. Se enfocarán nuevos esfuerzos de enseñanza en una tentativa de ilustrar a los hombres en cuanto a cómo vivir con sus problemas y, de hecho, cómo disfrutar de esas debilidades como de «dones de Dios».

Danza al desnudo en la Iglesia — 5

La danza al desnudo en algunas de estas iglesias, miembros de la organización, será excusada como «una forma artística de adoración». Los hombres llegarán a ser más adoradores de la criatura que del Creador, y Dios se verá forzado a entregar a sus pecados a estas clases de adoradores. Como resultado, muchos serán entregados a mentes reprobadas, creándose una nueva forma de enfermedad mental que no responderá a ninguna clase de tratamiento. La desnudez pública en cualquier forma es adoración de la criatura, y la desnudez en la iglesia no quedará sin ser contestada por Dios. La Biblia expresa claramente que esta forma de adoración conduce inevitablemente a graves trastornos mentales.

Aun cuando la danza al desnudo no llegará a generalizarse, la misma seguirá siendo aceptada por muchos dirigentes eclesiásticos como una legítima expresión de los adoradores que buscan hallar «la belleza del alma a través de la belleza de la forma humana».

Prácticas ocultas dentro de la Iglesia — 6

Yo creo que la superiglesia mundial tolerará ciertas prácticas ocultas. Ya algunos grupos de iglesias de Haití han incorporado ciertos aspectos del vudú en su forma de adoración. Se establecerán comités de estudio para «descolmillar», al diablo y rehacer su imagen en una blanda nulidad, que no ha de ser temida.

En algunas de las más respetadas y ricas iglesias del país, las reuniones de oración serán reemplazadas por sesiones. Un creciente numero de ministros quedarán intrigados por las pretensiones sobrenaturales de los grupos espiritualistas y de satanismo. Veo venir el día en que aquellos ministros que nunca han estado muy cerca de Dios llegarán a estar muy cerca del diablo.

Satanás aparecerá como un ángel de luz para engañar, si fuese posible, a los elegidos, a los escogidos de Dios. Los propios ministros de Satanás aparecerán como ángeles de luz e intentarán extender, entre las filas de la iglesia, el mensaje de que Satanás no es un enemigo, sino un amigo

La superiglesia nunca aceptará oficialmente las prácticas ocultas sin reserva, pero se respetarán ampliamente la frenología, la quiromancia, el sortilegio, y los horóscopos.

LEVANTAMIENTO DE UNA IGLESIA SOBRENATURAL — 7

Veo una grande y sobrenatural unión de todos los verdaderos seguidores de Jesucristo, reunidos por el Espíritu Santo y una común confianza en Cristo y su Palabra. Esta iglesia sobrenatural de creyentes bíblicos llegará a ser una especie de confraternidad clandestina, e incluirá a católicos y protestantes de todas las denominaciones. La misma congregará a jóvenes y viejos, negros y blancos, y a gente de todas las naciones.

Al tiempo que la superiglesia visible adquiere poder político, esta iglesia sobrenatural invisible crecerá tremendamente en poder espiritual. Este poder vendrá de la persecución. La locura de persecución que vendrá sobre esta tierra llevará a estos cristianos a unirse más estrechamente entre ellos mismos y a acercarse más a Jesucristo. Se les dará menos importancia a los conceptos denominacionales y más énfasis al retornó de Jesucristo. El Espíritu Santo congregará, en uno, a gente de todas las creencias y clases sociales.

Si bien esta iglesia sobrenatural ya existe por todo el mundo, en días venideros la misma se irá tornando políticamente más y más invisible. Pero a medida que la persecución se haga más intensa, este cuerpo de creyentes se volverá casi radical en sus esfuerzos evangelísticos. Esta iglesia invisible recibirá unción sobrenatural y poder del Espíritu Santo para seguir predicando el evangelio hasta que en los confines de la tierra lo hayan oído.

PERSECUCIÓN ESPECIAL DE LOS CATÓLICOS CARISMÁTICOS — 8

Los católicos carismáticos que se consideran miembros de la iglesia sobrenatural invisible de Jesucristo habrán de encarar una hora de onerosa persecución. La iglesia católica romana está a punto de retirar su beneplácito a todos los católicos que hablan en lenguas y que se inclinan hacia las enseñanzas pentecostales concernientes al Espíritu Santo. Se aplicará una presión política de alto nivel a los sacerdotes para que «apaguen el fuego».

Aguarde y verá al Papa asumir una actitud negativa contra el movimiento carismático dentro de la iglesia católica. La luna de miel está a punto de terminar. En breve las revistas católicas empezarán a pronunciarse contra el movimiento de entre sus filas y a pedir una depuración. Esta comenzará como una tendencia lenta, pero tomará impulso rápidamente, hasta que todos los católicos que pertenecen a este movimiento se vean al fin frente a una verdadera persecución proveniente de dentro de su propia iglesia.

El movimiento carismático dentro de la iglesia católica llegará a ser tan poderoso y extenso, que a algunos dirigentes les parecerá una amenaza a aquellos que no comprenden lo que el mismo significa. En un breve lapso pueden estar involucrados más de 500.000 en el movimiento carismático católico. Aquellos que no pertenecen a este movimiento lo acusarán de carecer de interés social y de olvidar demasiado las tradiciones de la iglesia. Los que pertenecen al movimiento serán acusados de apartarse de la Virgen María y de negar la autoridad del Papa.

Todo católico que se precia de haber recibido «el bautismo en el Espíritu Santo» debe prepararse para la persecución. Esta no sobrevendrá de la noche a la mañana, pero con toda seguridad vendrá el día cuando todo católico que ha tenido la experiencia de un «Pentecostés», se verá precisado a determinar cuán significativo es en realidad su «bautismo». Algunos serán forzados a retornar a las tradiciones y dejarán que su experiencia permanezca latente. Sin embargo, muchos otros comenzarán a descubrir que tienen más amor cristiano, más compañerismo y más relación espiritual con otros protestantes y católicos que han centralizado su vida alrededor de la persona de Jesucristo y de la plenitud del Espíritu Santo.

Muchos no me creerán, pero yo veo venir el día en que muchos protestantes así como católicos deberán «salir de en medio de ellos». Estos nuevos cristianos no se llamarán a sí mismos protestantes o católicos, sino simplemente cristianos «renovados». Su confraternidad no estará basada en la experiencia de hablar en lenguas, sino que estará centrada en el Padre y en su Hijo, Jesucristo.

La persecución de los católicos carismáticos, desplegada por la jerarquía de la iglesia, no detendrá la renovación en esa iglesia. Al contrario, el ministerio del Espíritu Santo realizará grandes milagros, y el número de católicos que se unirá a los grupos de «renovación» aumentará bajo la persecución.

Disminuirá el énfasis que se pone en el «hablar en lenguas». En cambio, se desarrollará un ministerio de «fraternidad espiritual», basado en una sólida enseñanza bíblica y en un mutuo amor y comprensión por otros verdaderos seguidores de Jesucristo. Se convertirá en una especie de «sacerdocio espiritual» para laicos que quieran ayudar a «sobrellevar los unos las cargas de los otros».

PERSECUCIÓN MEDIANTE UNA LUCHA
DE LOS MEDIOS DE COMUNICACIÓN — 9

Existe en la actualidad una tremenda libertad para predicar el verdadero evangelio en la radio y la televisión. Nunca han estado tan abiertas las puertas para los ministros de Cristo en todos los medios de comunicación. En la actualidad los cristianos tienen y operan sus propias estaciones de radio y televisión, y gozan de libertad para orar por los enfermos, levantar fondos y promover el evangelio en la forma que consideran más conveniente. ¡Pero cuidado! ¡Mucho ojo! Vendrá una persecución y un hostigamiento. Hay un rumor de cambio en el aire. Las programaciones de radio y televisión centradas en Cristo llegarán a ser el blanco de las fuerzas satánicas, determinadas a obligarlas a salir de las vías aéreas de comunicación.

Ya existe un movimiento entre bastidores para establecer un tipo de sistema de clasificación para toda programación religiosa por radio y televisión. Los dirigentes eclesiásticos liberales intentarán establecer una especie de junta seleccionadora y tratarán de imponerse en la Comisión Federal de Comunicaciones como la máxima autoridad en todos los programas, tanto pagados como gratuitos sin patrocinador, transmitidos por radio y televisión. Luego, no saldría al aire ningún programa sin su aprobación. El resultado sería un suave evangelio «sin Cristo» que no ofendería a nadie.

Las puertas, ahora abiertas de par en par, van a ir cerrándose lenta pero inexorablemente. Las radioemisoras y estaciones de televisión cristianas deben de comenzar a esperar persecución y hostigamiento. Las fuerzas ateas y del anticristo están ahora mismo preparando litigios contra ciertas estaciones religiosas y ciertos evangelistas. Veo a Satanás tratando de empantanar estos programas y estaciones en expedientes, procedimientos legales y problemas tributarios. Satanás usará toda táctica que esté a su disposición para eliminar de los medios de comunicación todos los programas centrados en Cristo.

El mensaje que recibo para todos aquellos ministerios que utilizan los medios de comunicación para difundir el evangelio, es este:

Trabajen entre tanto que es de día, porque la noche viene, cuando nadie puede trabajar.

Ahora que es de día: este es el día de libertad y de oportunidad, pero la noche del hostigamiento y la persecución no está muy lejos. Cuando venga esa noche de persecución, quizás sean muy pocos en caso de haber algunos, que puedan ministrar con efectividad a través de los medios de comunicación.

Persecución desde Hollywood — 10

Observe cómo Hollywood va a aumentar su ataque contra la verdadera religión por medio de más películas de tipo ridiculizante. La película Marjoe fue la tentativa más desvergonzada realizada por las fuerzas satánicas con el fin de desacreditar y ridiculizar toda religión que tiene que ver con la sangre de Jesucristo. Los evangelistas que predican el avivamiento y los ministros evangélicos seguirán siendo estereotipados como otros «Elmer Gantry», como charlatanes, engañadores y comediantes ávidos de dinero.

Cada vez más productores de películas intentarán derribar los valores morales puritanos. Las iglesias en que se predica el evangelio y los ministros que lo predican, serán especiales objeto de ataques, mientras que al propio tiempo se glorificará al ocultismo y la hechicería, presentándolos como sensacionalistas.

Veo venir una sofisticada tentativa realizada por intelectuales, de «predicar» en películas contra todos los cristianos del tipo de «avivamiento». Una especie de presunción o «esnobismo» ateísta motivará que una nueva generación de productores de películas se obsesionen contra toda religión, cualquiera que sea, que inhiba los deseos hedonistas del hombre.

PERSECUCIÓN DESDE LAS COMEDIAS TELEVISADAS — 11

Los programas de comedias en la televisión se irán volviendo cada vez más osados en burlarse de Cristo y de los verdaderos cristianos. Los autores de comedias repartirán ofensa tras ofensa en los programas de comedias destinados a acabar con las sagradas tradiciones. Finalmente estos programas estarán salpicados de palabras soeces, y todo seguirá su marcha. Las programaciones de televisión llegarán a ser absolutamente blasfemas y millones de descreídos podrán sentarse frente a sus televisores para reírse y mofarse, al tiempo que se vaya minando tantos temas que antes se consideraban sagrados.

No estoy sugiriendo que los autores de las comedias televisivas se hayan empeñado en una especie de conspiración contra Dios o contra la religión. Lo que percibo es que los escritores tratan de competir unos con otros para ver quién puede lograr más éxito en la labor de «echar abajo» las sagradas tradiciones y enseñanzas. Es un ataque muy artero contra las enseñanzas de Jesucristo, disimulado por la comedia. Ya se están presentando comedias en las que se burlan de Kathryn Kuhlman (la famosa evangelista), de Billy Graham, Oral Roberts, y últimamente, hasta del Papa. Pero lo peor está aún por venir. La comedia más anticristiana jamás discurrida será llevada al aire por las cadenas de emisoras de televisión ¡sin oposición alguna!

Persecución mediante la imposición
de impuestos a las iglesias — 12

Se va a intentar imponer contribuciones a las iglesias y a las organizaciones relacionadas con iglesias. Las fuerzas ateas promoverán este asunto con la ayuda de la Unión Americana de Libertades Civiles, hasta la Corte Suprema. Un revés legal dictado por los tribunales no detendrá su acción de largo alcance.

No obstante las recientes resoluciones dictadas por los tribunales, finalmente tendremos imposición de impuestos a las iglesias. Comenzará como una clase insignificante de impuesto indirecto, pero en breve se convertirá en un impuesto de proporciones monstruosas que llevará a algunas iglesias y sociedades misioneras independientes al borde de la bancarrota.

Los negocios relacionados con las iglesias serán los primeros que tendrán que pagar impuestos. A esto seguirá pronto la imposición de contribuciones a todos los bienes que sean propiedad de iglesias, incluso las rectorías. Los edificios de las iglesias en sí quedarán exentos.

Nos encontramos frente a batallas muy serias en los tribunales en lo que respecta a esta cuestión, e incluso pueden ser echadas abajo hasta resoluciones del Tribunal Supremo.

Yo no veo que en un futuro próximo se les vaya a imponer contribuciones a los presupuestos ni a los edificios de las iglesias, pero sí veo que la imposición de impuestos a las empresas relacionadas con las iglesias vendrá pronto. Veo un efecto de «bola de nieve» y el gobierno se verá un día tan hondamente implicado en la imposición de contribuciones a las propiedades de las iglesias, que se necesitará un catálogo entero de pautas.

El IRS (Servicio de Rentas Internas) puede un día llegar a ser una de las más poderosas armas contra la iglesia. Entonces sería posible para las agencias gubernamentales mantener una influencia dominante sobre las iglesias. En breve las agencias gubernamentales van a estar investigando los libros privados de casi toda organización religiosa no lucrativa. Aquellas que no obren de acuerdo con las estrictas pautas serán forzadas a suspender sus actividades, y no habrá recurso.

Socavación de la educación cristiana — 13

Veo tres distintas maneras en que Satanás intentará socavar la educación cristiana. Las escuelas, colegios y universidades cristianas no escaparán de la hora de persecución y hostigamiento que viene. En primer lugar, ha de esperarse un hostigamiento político, expedientes prolongados y problemas financieros verdaderamente agudos. La ayuda federal y estatal llegará a imponer más y más condiciones.

En segundo lugar, es de esperarse en el estudiante un casi inexplicable espíritu de apatía, de desasosiego y de falta de respeto para con la dirección.

En tercer lugar, es de esperarse que se infiltren en la facultad maestros y profesores que, sin saberlo, habrán de ser instrumentos en las manos de Satanás, para socavar los fundamentos de la fe y de la dirección. Satanás intentará arrebatar la dirección de estas escuelas e instituciones de las manos de verdaderos hombres de Dios y ponerlas en manos de liberales transigentes que no intentarán contener el movimiento hacia el agnosticismo.

Algunas instituciones de enseñanza experimentarán despertamientos espirituales, pero los mismos serán de breve duración y no afectarán a las grandes masas de estudiantes.

La dirección de las instituciones educacionales cristianas debe prepararse para enfrentar tiempos difíciles que están a la puerta tanto en lo financiero, como en lo espiritual. Aquellos que creen en el poder de la oración, habrán de sufrir menos. Aquellos que dan prioridad a los asuntos espirituales, experimentarán una intervención y ayuda sobrenaturales. De seguro que hay problemas por delante en las instituciones de enseñanza. La presión financiera serán formidable, y solo un milagro habrá de mantener abiertas a algunas escuelas. Unas pocas no lograrán sobrevivir.

LA REVOLUCIÓN DE JESÚS SE ECHA A PERDER — 14

La revolución de Jesús, tan extendida entre la gente joven, entrará en decadencia, y los seguidores indisciplinados retornarán a sus drogas, a su sexualidad libre, a su antigua manera de vivir. La persecución separará a las ovejas de los cabritos. Solo los discípulos totalmente rendidos habrán de quedar en pie cuando aclare la bruma.

Pronto vendrá el tiempo en que ya no será popular ser un seguidor de Jesús. Las canciones sobre Jesús ya no estarán en boga en los destiles de éxitos, y su nombre ya no será un elemento de buen éxito comercial para Broadway o para Hollywood. El mundo que una vez usó el nombre de Jesús tan promiscuamente, se va a volver contra él y lo va a echar abajo.

Veo una nueva representación del primer movimiento de Jesús registrado de la historia. Jesús entró en Jerusalén montado en un asno, al son de las aclamaciones de ¡viva! y ¡hosanna! de miles de personas arrastradas en el entusiasmo de un movimiento de Jesús. Jóvenes y viejos por igual arrancaban ramas de las palmeras y tendían sus mantos en el suelo de manera que el burrito pudiera caminar sobre ellos. Y gritaban: «¡Jesús! ¡Jesús, ¡Hosanna al Rey!» Pero aquel primer movimiento de Jesús se «echó a perder». Un brevísimo tiempo después ese mismo Jesús estaba de pie frente a una airada multitud que gritaba:

«¡Crucifícalo! ¡Fuera con él! ¡Impostor!» La multitud sé volvió contra él.

El moderno movimiento de Jesús ha tenido sus multitudes también. Han cantado las alabanzas de Jesús. Y Jesús realmente ha estado allí.

Un movimiento de «Odia a Cristo» — 15

Pero mire lo que está sucediendo hoy en día. Muchos de los que saltaban y gritaban de gozo están regresando a sus drogas, y se está formando un movimiento de «repulsa» a Jesús. Un grupo de jóvenes adoradores del diablo y ocultistas están convirtiéndose en el núcleo de un movimiento del tipo «odia a Cristo», cuyo propósito principal es hostigar a los del movimiento de Jesús e impugnar las reclamaciones de Cristo. De este movimiento de Jesús está saliendo un recio núcleo de verdaderos seguidores de Jesús, que han repudiado totalmente su antiguo modo de vida. Estos han abandonado sus viejos hábitos y se han entregado a una vida de servicio a Jesucristo

Mi mensaje a la verdadera «gente de Jesús» es sonoro y claro: Prepárense para la persecución que viene. Prepárense para enfrentar estos clubes de «odia a Cristo» en la escuela. En muchas partes los jóvenes cristianos que se declaren abiertamente a favor de Cristo, serán literalmente apedreados por los de su propia edad. Este movimiento de repulsa contra Cristo será dirigido personalmente por Satanás y lo impulsarán aquellos que estén totalmente entregados a la práctica del ocultismo.

La «gente de Jesús» no solo será considerada como extravagante; también los llamarán con toda suerte de nombres y hasta les escupirán en los corredores de las escuelas secundarias y en las universidades. Puede venir el día cuando una turba de escarnecedores, riéndose, les arrebatarán la Biblia de debajo del brazo y la rasgarán. Finalmente el hostigamiento puede llegar a ser tan violento y general, que los jóvenes cristianos no tendrán otra alternativa que templarse como el acero para resistirlo, o desmoronarse ante él mismo y renegar de su fe.

MINISTROS DE SATANÁS — 16

Habrá «evangelistas» de Satanás, en su mayoría gente joven, que realmente predicarán acerca del poder de Satanás y trabajarán con pasión y celo para ganar prosélitos. Se harán circular tableros «ouija» de escritura espiritista, naipes «tarot», horóscopos y libros de ocultismo, que serán devorados por los jóvenes que buscan la verdad.

Vamos a pagar un precio por lo que creemos. No piense que los cristianos podrán escapar de la prueba que se avecina. Se pondrá a prueba la resistencia de usted. Se nos vendrá encima en una forma tan imperceptible y tan sutil, que de entrada no la reconoceremos. Pero cuando empiece, caerá sobre nosotros con golpes semejantes a relámpagos. El mundo no dará crédito a lo que esté sucediendo, porque todo eso caerá sobre la tierra como una locura.

DESPERTAMIENTO ESPIRITUAL DETRÁS DE LAS CORTINAS DE HIERRO Y DE BAMBÚ — 17

En tanto que las naciones libres experimenten una ola de verdadera persecución, los países del otro lado de las «cortinas de Hierro y de Bambú» experimentarán un breve período de despertamiento espiritual. Aquellos que han vivido bajo una terrible persecución religiosa, disfrutarán un limitado período de libertad. El Espíritu Santo de Dios agrietará las cortinas de Hierro y de Bambú, y buscará por todas partes —y hallará— los corazones hambrientos en Rusia, China y Europa Oriental.

Dios ha prometido derramar su Espíritu sobre toda carne, y eso incluye a los pueblos de detrás de las cortinas de Hierro y de Bambú.

Dios hará que venga una tregua temporal entre el Este y el Oeste con el claro propósito de introducir el evangelio en estos países comunistas. Dios puede usar tan solo a cristianos japoneses y coreanos para llegar hasta miles de personas en la China continental. Los cristianos de la Alemania Occidental pueden llegar hasta la gente de la Alemania Oriental. El camino a Rusia es por Finlandia. Un tremendo movimiento del Espíritu Santo en Finlandia puede rebosar y derramarse dentro de Rusia, y en efecto lo hará.

Irónicamente, al tiempo que están comenzando a cerrarse las puertas en este lado de las «Cortinas», empezarán a abrirse las puertas por el otro lado. Y luego de un breve período de libertad y de despertamiento espiritual entre muchos, las puertas se cerrarán súbitamente y comenzará la locura de persecución con gran intensidad, la cual sumirá a todas esas naciones.

Seis

MENSAJE DE DIOS A LOS DESPREVENIDOS

Estamos a punto de salir de la era de Acuario para entrar en una era que la Biblia describe como «el día de dolores». Jesús mismo nos previno acerca de una «gran tribulación que viene sobre la tierra, tal como nunca antes se ha presenciado en toda la historia».

LAS PREDICCIONES DE JESÚS — 1

Mirad que nadie os engañe. Porque vendrán muchos en mi nombre, diciendo: Yo soy el Cristo; y a muchos engañarán. Y oiréis de guerras. Se levantará nación contra nación y reino contra reino. Habrá hambres y terremotos en diferentes lugares. ¡Y TODO ESTO SERÁ (Solo) PRINCIPIO DE DOLORES! Se habrá multiplicado la maldad. Y será predicado este evangelio del reino en todo el mundo; y entonces vendrá el fin.

(MATEO 24:4, 5, 6, 7, 8, 12, 14)

Vendrá una tribulación — 2

Un diccionario define el vocablo «tribulación» como angustia, aflicción y sufrimiento, y esta gran tribulación va a ser un tiempo de increíbles sufrimientos y crisis. Dios, por medio de su Santo Espíritu, está llamando a la humanidad a que se prepare para el final de todas las cosas. Está permitiendo que la naturaleza azote esta tierra con una crisis tras otra, como una advertencia de que se aproxima el día de la ira y del juicio.

¿Podemos creer las predicciones de Jesús? En una era de gran aumento de conocimientos, de grandes logros científicos, ¿podemos realmente aceptar la idea de un mundo en completo caos?

¿Se han de tomar literalmente las profecías de la Biblia? ¿Habrá una guerra mundial conclusiva en la cual estén involucradas todas las naciones, según se describe en la Palabra de Dios? ¿Habrá hambres, pestes, terremotos, inundaciones y otros serios cambios del tiempo aún peores, según lo describe claramente la Biblia?

Guerra y terrorismo — 3

¿Veremos guerras, actos de terrorismo, y violencia por todas partes? ¿Se producirá un colapso de todas las normas y leyes morales, así como una depresión de alcance mundial, acompañada de una desenfrenada inflación y una economía ruinosa?

¿Va a haber en realidad un breve período de frágil paz sobre la tierra, cuando en todas partes los hombres estén suspirando y clamando por un retorno a la tranquilidad? Y, ¿habrá de preceder ese tiempo de frágil paz al inminente juicio predicho en la Biblia?

¿Podemos en realidad creer lo que dice la Biblia cuando afirma que los hombres dirán un día: «Sobreviviremos a todas estas crisis. Tendremos paz y prosperidad; y entonces, repentinamente, el mundo será arrastrado a una destructiva guerra mundial final? ¿Vendrá realmente un Armagedón?

MÁS DE DOS MIL MILLONES DE MUERTOS — 4

La mente humana vacila y se espanta ante las profecías bíblicas si estas se toman literalmente. Si creemos la interpretación literal de la Biblia, va a venir una guerra mundial final y una tribulación en las que serán muertas más de dos mil millones de personas. Las causas de esas muertes serán la guerra, las hambres, las pestes, los terremotos, las inundaciones y los graves cambios de tiempo en todo el mundo.

La Biblia predice claramente que los hombres se burlarán de las profecías y predicciones como las que se hacen en esta visión.

LA PREDICCIÓN DE NOÉ FUE IGNORADA — 5

La gente de la época de Noé no creyó que vendría un diluvio de juicio sobre la tierra. Pasaron su tiempo en orgías, riéndose del profeta loco que estaba predicando una visión. La Biblia dice: «No entendieron hasta que vino el diluvio y se los llevó a todos». Jesús dijo que, igual que entonces, la gente —hombres y mujeres— continuarían en el pecado sexual, la rebelión, la violencia y la inmoralidad, hasta el fin de los tiempos. Y no aceptarían visiones ni predicciones acerca de ninguna inminente sentencia o juicio.

Sin embargo, y a pesar de todo el escarnio y ridiculización que esta clase de mensaje recibe de muchos intelectuales y dirigentes eclesiásticos, hoy la mayor parte de los jóvenes están interesados en las profecías apocalípticas. Hoy en día no son solo los cristianos los que están esperando un fin del mundo como lo predice la Biblia. Hasta la revista Time trató, recientemente, de un modo serio este tema. En la actualidad hay muchos científicos e intelectuales pensadores, behavioristas (estudiosos de la conducta observable) y técnicos, que también advierten que la historia del mundo pudiera probablemente acabarse de manera catastrófica en un próximo futuro.

Algunos dirán que el mensaje de esta visión es una tentativa fanática para asustar a los inconversos. Otros lo criticarán por toda la «ira y juicio» que pregona. Con harta frecuencia los hombres optan por ver solo un lado de Dios, su amor y su misericordia. Pero Dios tiene otro lado también en su personalidad. Hasta una comprobación superficial de la Palabra de Dios lo probará fácilmente. Pablo el apóstol dijo:

«Conociendo, pues, el temor del Señor, persuadimos a los hombres».

(2 Corintios 5:11)

Un mundo fuera de control — 6

Si usted cree que mi visión es medrosa o demasiado exagerada, déjeme presentarle una clara cronología de lo que la Biblia predice que vendrá.

La Biblia predice con claridad que el mundo quedará aparentemente «fuera de control», que las ciudades se tornarán incontrolables, y que los países serán ingobernables. La gente comenzará a rechazar a Dios completamente. Los hombres se tornarán codiciosos y materialistas. Habrá rebeldes alborotadores que se apoderarán de distintas instituciones, y en medio de esta crisis la gente se «divertirá y gozará en toda forma perversa imaginable».

Miles de cristianos apostatarán y comenzarán a traicionar a sus amigos. Serán exaltados, engreídos y llenos de orgullo y preferirán las diversiones a darle culto a Dios.

Se volverán más amantes de los placeres que amadores de Dios. Desaparecerán los tiempos normales, y aparecerá el adicto a drogas, la prostituta, el homosexual, el ladrón y el matón de las pandillas callejeras.

A pesar de un «aumento en la ciencia», la naturaleza humana se hará esclava de la inmoralidad, de la violencia y de la rebelión.

La Biblia predice un época de terrorismo total y de violencia. Una inmoralidad de increíbles proporciones rodeará a los cristianos y afligirá su alma casi hasta la muerte. Satanás intentará desacreditar y destruir la obra del Espíritu Santo.

Naciones enteras seguirán filosofías de rebelión impía y de cultos religiosos falsos.

El mundo se las va a arreglar para colocarse en una posición de ilegalidad e indiferencia, que solo podrán ser combinados por un superdictador que reclame poderes sobrenaturales.

Israel llegará a ser invencible — 7

La Biblia predice que en los «postreros días» la nación de Israel resurgirá. Después de casi dos mil años, los judíos, que han errado sobre la faz de la tierra oprimidos, perseguidos y siendo muertos por los enemigos de Dios, retornarán a Palestina y recuperarán su patria.

En cumplimiento específico de profecías bíblicas, la nación de Israel nació en mayo de 1948, y comenzó a «florecer como una rosa en el desierto» —exactamente como estaba predicho en la Biblia.

La Biblia también predice que una hueste de enemigos subiría contra Israel e intentaría saquear la tierra, pero que todos los enemigos correrían derrotados, con sus corazones consumiéndose dentro de ellos. La Biblia sugiere que un judío pondrá en fuga a más de mil enemigos. Y diez harán huir a diez mil.

Israel es invencible porque está fluyendo en el curso de la profecía divina. No hay en la tierra ninguna nación suficientemente poderosa para destruir a Israel, y solo en el tiempo señalado por Dios hollará un enemigo las calles de Jerusalén.

UNOS «ESTADOS UNIDOS DEL MUNDO» — 8

La Biblia predijo el nacimiento del Mercado Común Europeo. La Mancomunidad Económica Europea inició su confederación de seis países tras la firma del tratado de Roma en 1957. Cuando se firmó ese tratado, muchos estudiosos de la Biblia se preguntaron si esto no era el cumplimiento de la profecía de la Biblia acerca del resurgimiento del antiguo Imperio Romano. Esa profecía afirma que en los «postreros días» surgirán diez naciones, las cuales proporcionarán la base de poder para el anticristo. Desde el tratado de 1957 se han añadido otros cuatro países, creándose un total de diez. Actualmente se están efectuando conversaciones con respecto a ampliar la comunidad a unos «Estados Unidos de Europa».

Y los «Estados Unidos del Mundo» están solo a la distancia de una depresión mundial. Un desplome del sistema monetario mundial podría conducir a la instauración de un gobierno mundial, encabezado por un dictador mundial. El primer ministro de Bélgica dijo recientemente:

El método de los comités internacionales ha fallado. Lo que necesitamos es una persona que tenga una experiencia del más alto prado, una gran autoridad, una amplia influencia y una gran energía ya sea un civil o un militar; no importa de qué nacionalidad sea; que abrevie todos los expedienteos, suprima todos los comités, despierte a todo el pueblo y galvanice a todos los gobiernos a la acción. ¡Que venga pronto! (Citado en Le Soir)

La anarquía y la confusión generales pueden preparar a este mundo para un anticristo dictador que venga en nombre de la paz para terminar la desesperación y la ilegalidad que abundarán.

UN ANTICRISTO SUPERESTRELLA — 9

Cuando se entresaca el misterio y «lo fantasmal» de las revelaciones de los profetas de Dios, se ve claramente la predicción de un «Anticristo superestrella» venidero, que se levantará en los postreros días, desafiará a Dios, y perseguirá a los verdaderos creyentes. Vendrá en nombre de la paz, la ley y el orden y logrará cambiar los sistemas legales y judiciales. Será desenmascarado como un fraudulento hijo de Satanás.

La Biblia predice que su régimen de terror será de corta duración, pero totalmente devastador. Este falso dictador que se hará pasar por un ángel de luz, engañará a todo el mundo.

Considérense los poderes que reclama hoy en día el Presidente de los Estados Unidos. Los hombres que ocupan altos puestos están tratando de echar mano de poderes sin precedente. A la luz de recientes acontecimientos no resulta muy difícil comprender las predicciones bíblicas acerca de que este Anticristo se sentará como un dios en un trono, demandando la adoración y el respeto de la gente de todas partes.

UNA ÚLTIMA GUERRA MUNDIAL — 10

En la Biblia se nos dice específicamente que en los postreros días el Anticristo y las naciones se van a congregar en una guerra conclusiva en Israel. Esa será la guerra de todas las guerras.

Esa guerra será causada, sin lugar a dudas, por una crisis mundial de energía. Correcto: una guerra por el petróleo y la energía. Y quizá también por las substancias químicas que hay en el Mar Muerto. Con esas substancias químicas se hacen explosivos. Y, debido al hambre de alcance mundial, se necesita ese material para fertilizantes. Se estima que el valor de esas substancias químicas sea de un billón de dólares. ¿Cuántas guerras de este mundo no se pelearon por menos?

Durante la Segunda Guerra Mundial, de 1939 a 1944, más de 54 millones de personas fueron muertas, y muchos millones fueron heridos y mutilados por la destrucción. En los primeros años de la presente década hemos tenido a Vietnam, Biafra y Bangladesh. Nuestra generación ha conocido el horror de más de 65 millones de muertos y 100 millones de bajas.

Pero la Biblia predice una última guerra mundial en Armagedón que desafía el entendimiento. La Biblia habla de que los cielos se encenderán y los mismos elementos se fundirán con un calor ardiente.

Específicamente, la Biblia dice:

> Pero el día del Señor vendrá como ladrón en la noche; en el cual los cielos pasarán con grande estruendo, y los elementos ardiendo serán deshechos, y la tierra y las obras que en ella hay serán quemadas.
>
> (2 PEDRO 3:10)

Las armas de hoy, como todos sabemos, son capaces de producir, con toda seguridad, la clase de destrucción que la Biblia describe —como el holocausto procedente de los cielos, que destruirá una tercera parte de toda vegetación.

Israel y los países que lo rodean se han convertido ya en arsenales de armas —grandes reservas de napalm, de cañones, bombas, proyectiles, y hasta de armas biológicas. La humanidad tiene almacenada en la actualidad la fuerza destructiva necesaria para matar todo ser viviente que hay en la faz del planeta.

La Biblia predice que durante este gran tiempo de tribulación y de juicio las fuerzas satánicas matarán, con un ejercito de 200 millones de soldados, una tercera parte de la población mundial. En la actualidad esto significaría que alrededor de dos mil millones de personas serían muertas. No se puede imaginar el horror de esto. Hasta ahora, nuestra peor guerra mundial (la segunda) demandó 54 millones de muertos. Esta última guerra matará treinta y siete veces más personas. Es tan horripilante, que resulta difícil siquiera pensar en ello.

ADORACIÓN DE DEMONIOS EN AUMENTO — 11

La Biblia profetiza que a pesar de que el mundo se tambalea al borde de la guerra y la devastación, la humanidad se volverá a la adoración de demonios, de espíritus satánicos, y de ídolos hechos de metal, piedra y madera. El incremento en las prácticas de ocultismo que estamos presenciando ahora, está predicho claramente en la Biblia como una señal de los últimos tiempos.

En la actualidad muchos jóvenes rinden culto a Satanás, o adoran los dioses de la tecnología y la ciencia.

Solo un mundo poseído de demonios será capaz de dejar de lado todo el terror y horror de la muerte de una tercera parte de los seres humanos, causada por la guerra, y recaer en la rebelión y la inmoralidad.

ACONTECIMIENTOS EXTRAÑOS E INSÓLITOS — 12

La Biblia predice que aparecerán señales insólitas y extrañas en los cielos y abajo en la tierra. Los profetas del Antiguo Testamento las llamaron «ayes», acontecimientos que causarán dolor y sufrimiento. Esto describe las terribles hambres y pestes en reserva para nosotros, casi inmediatamente a la puerta. El hambre ya se ha vuelto el mayor homicida del mundo. En Biafra y Bangladesh la misma ha llevado sufrimiento y muerte a incalculables millares de personas.

En la India hay explosión demográfica y las cosechas fallan, en tanto que miles de personas mueren de hambre cada día.

En la actualidad millones de personas viven por todo el mundo en los alrededores de los inmundos barrios bajos, sin alimentos, ni agua, ni un techo decente. Millones viven hoy en día asidos ávidamente de la esperanza, tratando de conservarse vivos solo un día más. Hasta en nuestros países «civilizados» o «desarrollados», las pestilencias están llegando a ser muy reales.

Enfermedades mortales, ratas y abejas que matan — 13

Jesús dijo que en esos días de tribulación: «Desfallecerán los hombres por el temor al observar las cosas que estén sucediendo en la tierra». En América, la enfermedad mortal número uno es ya el colapso cardíaco.

Las autoridades médicas dicen que la enfermedad venérea ya no es simplemente una epidemia, la misma es una incontrolable pandemia de proporciones aterradoras.

Los hombres de ciencia avisan la existencia de nuevas cepas de gérmenes, de virus y de parásitos que son resistentes a los venenos y productos químicos y amenazan con trastornar el equilibrio de la naturaleza.

«Superratas» inmunes a los venenos infestan hoy las provisiones de cereales y transmiten temibles enfermedades a los seres humanos.

En Sudamérica se han criado y desarrollado abejas llamadas «matadoras», que amenazan invadir este país. Su picadura es casi siempre mortal.

Condiciones atmosféricas insólitas con veranos lluviosos y húmedos, han causado plagas de mosquitos. En algunas zonas esas plagas han sido lo suficiente graves como para hacer que el ganado saliera en estampida, y para producir enfermedades en otros seres vivos.

En Texas y partes de Nuevo México miles de cabezas de ganado murieron de frío. Amontonaron en altas pilas a estas reses muertas, las empaparon de kerosene y las quemaron. En África millones de reses han muerto debido a la falta de lluvias y a las condiciones de hambre. Estos se volverán problemas siempre crecientes.

ESCASEZ DE ALIMENTOS — 14

O tra evidencia de la amenaza de hambre es el incremento de la población mundial y la disminución de los recursos y provisión de alimentos del mundo. El malogro de cosechas, las plagas de parásitos y las enfermedades causarán terror en todo el mundo en un futuro no muy distante.

En la Biblia se predicen graves escaseces de alimentos y de energía. Esta crisis ya existe en muchas partes del mundo. Como el crecimiento de la población mundial sobrepasa al incremento de la producción de alimentos, la situación se irá empeorando. No hay mejoría ni siquiera en perspectiva.

SIETE PLAGAS FINALES — 15

L a Biblia describe en el libro de Apocalipsis las siete terribles plagas finales que vendrán a la tierra —plagas que son peores que todas las demás combinadas.

1. ÚLCERAS MALIGNAS Y CÁNCERES DE LA PIEL

Fue el primero, y derramó su copa sobre la tierra, y vino una úlcera maligna y pestilente sobre

*los hombres que tenían la marca de la bestia, y que
adoraban su imagen.*

(APOCALIPSIS 16:2)

La primera plaga es de úlceras malignas o cáncer de
la piel, que aflige a todos aquellos que se han identificado
con el gobierno del anticristo. La Biblia no dice específicamente qué es lo que causa las úlceras malignas, pero nosotros podríamos suponer que un principio que encontramos
en toda la Biblia tendrá que ver algo con las mismas. La
Biblia dice que lo que sembráremos eso mismo recogere-
mos. Hemos estado sembrando sensualidad, desnudez y
tolerancia sexual. Puesto que las enfermedades venéreas
son, al presente, un problema mayor, esta pudiera ser una
plaga de úlceras rebeldes a todo medicamento, una nueva
cepa contagiosa de enfermedad venérea.

Otra explicación pudiera ser la advertencia ofrecida
recientemente por unos científicos que testifican sobre
los efectos que producen en la atmósfera los SST (avión
supersónico comercial). Al presente estos aviones están
realizando ya vuelos regulares en otros países, pero se les
proscribe que vuelen sobre América. Algunos críticos se
oponen a la contaminación de su estampido sónico. Otros
temen lo que estos aviones pudieran hacerle a la atmósfera. Esos hombres de ciencia declararon que si los SST cau-
saran solo un cinco por ciento de alteración en el nivel ozó-
nico de la tierra, estaríamos en peligro. En caso de ocurrir
esto, dicen los científicos, llegarán hasta nosotros niveles
más altos de radiación letal desde el sol. Cuando ocurra
esto, dichos hombres de ciencia predicen un incremento
general de cáncer de la piel y de otras úlceras malignas.
Más de un cinco por ciento de alteración en la atmósfera
podría hacer que este brote de cáncer dérmico llegase a ser
casi universal.

2. CONTAMINACIÓN DE LOS MARES

El segundo ángel derramó su copa sobre el mar, y éste se convirtió en sangre como de muerto; y murió todo ser vivo que había en el mar.

(APOCALIPSIS 16:3)

La segunda plaga final es la contaminación del océano. La Biblia predice que el océano se convertirá en «sangre como de muerto». También predice claramente la muerte de los seres vivientes en el mar.

3. CONTAMINACIÓN DE LOS RÍOS Y AGUAS INTERIORES

El tercer ángel derramó su copa sobre los ríos, y sobre las fuentes de les aguas, y se convirtieron en sangre.

(APOCALIPSIS 16:4)

La tercera plaga es la contaminación de los ríos y de las fuentes de aguas. El interés actual del hombre en la contaminación de nuestro medio ambiente no es accidental. La humanidad está desempeñando al presente un papel profetizado claramente en el libro del Apocalipsis. Habrá de ocurrir un emponzoñamiento de las reservas de agua dulce de la tierra. Cuando la Biblia describe cómo nuestras reservas de agua llegan a ser «sangre como de muerto», está describiendo la muerte y corrupción que ya hemos presenciado en nuestra generación. Y se va a poner peor.

4. OLAS DE CALOR MORTAL —UN SOL ABRASADOR

El cuarto ángel derramó su copa sobre el sol, al cual fue dado quemar a los hombres con fuego. Y los hombres se quemaron con el gran calor, y blasfemaron el nombre de Dios, que tiene poder sobre estas plagas, y no se arrepintieron para darle gloria.

(APOCALIPSIS L6:8, 9)

La Biblia también predice que durante este tiempo el sol abrasará a los hombres con fuego.

Puede ser que Dios haga que el sol emita llamaradas solares de gran intensidad que abrasarán la tierra. O puede ser que la tecnología del hombre trastorne el equilibrio de la naturaleza, la cual a su turno cause serias alteraciones atmosféricas, como olas de calor que superen marcas. En mayo de 1972 más de quinientas personas murieron de insolación en la India. ¿Habrá olas de calor similares, más intensas en reserva? Añádase esto a una más intensa radiación ultravioleta proveniente de llamaradas solares y a las crisis de energía que hagan inservible el acondicionamiento de aire, y se tendrá el cuadro del horror que ha de venir.

Este intenso agostamiento de la tierra podrá causar tremendos incendios forestales por toda la tierra. En California solamente, el hombre ha trastornado el equilibrio de la naturaleza introduciendo un eucalipto, árbol que no tiene uso aparente. Hay millones de estos árboles que están ya completamente desarrollados, y los científicos estiman que el noventa por ciento de los mismos están muertos, como resultado de una helada que superó toda marca en 1972. Ahora bien, unas olas de calor fuerte podrían hacer que estos árboles estallaran literalmente en llamas. La corteza oleosa que cuelga hasta bien alto en estos árboles actúa como una tierna y seca yesca, que convierte a un árbol incendiado en una gigantesca antorcha. Y si este incendio ocurre en escala mundial y el desecho va a la atmósfera con el humo, probablemente afecte también las condiciones atmosféricas oscureciendo el sol.

Imagínese un mundo de pesadilla en donde el sol está abrasando la tierra, haciendo trabajar con exceso a las centrales eléctricas y los sistemas de acondicionamiento del aire, y causando apagones generales y fallos en el suministro de energía.

5. APAGONES INTERNACIONALES

El quinto ángel derramó su copa sobre el trono de la bestia; y su reino se cubrió de tinieblas, y mordían de dolor sus lenguas.

(APOCALIPSIS 16:10)

La quinta plaga se describe como un tiempo «lleno de oscuridad», que hace que los hombres se muerdan la lengua de dolor y blasfemen al Dios del cielo. Millones de personas de la ciudad de Nueva York, Londres y otras grandes urbes comprenden lo que significa un apagón. La Biblia predice que el mundo entero va a confrontar un increíble tipo de «apagón». Algo va a ocurrir que hará que la luz del sol, de la luna y de las estrellas se obscurezca.

Este podrá ser otro caso de oscuridad sobrenatural, como aquella de las plagas de Egipto y la oscuridad que sobrevino durante la Crucifixión. O la misma podrá atribuirse a serios apagones y fallos de energía, causados por escaseces de combustible, lo que podría eliminar hasta ocho horas, o un tercio, de nuestra luz diaria. O quizá podrá atribuirse a serios cambios de tiempo o alteraciones atmosféricas, ocasionados por la contaminación, por desastres naturales, o por los efectos de alguna de las otras plagas. Por ejemplo, el año 1816 se llamó «el año sin verano» debido a que hubo heladas en todos y cada uno de los meses del año en distintas partes del noreste de América. Cayeron treinta centímetros de nieve en junio. La pérdida de cosechas fue grave. La causa de todo eso fue la erupción del volcán de Tamboro que lanzó a la atmósfera toneladas de cenizas y restos volcánicos. En 1915 el sol se oscureció y el clima quedó afectado.

¿Es posible que los «policionantes» industriales de hoy pudieran hacer efectiva esta visión? ¿Y qué decir de la creciente actividad volcánica, como la reciente erupción islándica? ¿Cuantas erupciones volcánicas serían necesarias para oscurecer el sol?

6. UN BAÑO DE SANGRE EN SUELO ISRAELÍ

El sexto ángel derramó su copa sobre el gran río Éufrates; y el agua de éste se secó, para que estuviese preparado el camino a los reyes de oriente.

(APOCALIPSIS 16:12)

La sexta plaga describe cómo correrá la sangre en Armagedón. La última y más devastadora batalla de este planeta causará muerte y destrucción tan completas, que la sangre de los combatientes muertos fluirá en una extensión de unos trescientos kilómetros de largo, llegando hasta los frenos de los caballos. Aun cuando puede parecer extrañamente arcaico oír hablar de soldados de a caballo en esta era de tanques y «jeeps», no obstante podemos suponer un ejército de caballería en el sentido literal (Apocalipsis 9:15 y 16), similar a los que se exhibieron en recientes películas dadas al público por los comunistas chinos. Israel, los países árabes y la Unión Soviética también tienen grandes unidades de caballería (Apocalipsis 14:18-20), las cuales pudieran ser utilizadas durante la batalla de Armagedón. Una cosa es cierta: la Biblia predice un baño de sangre en Armagedón.

7. PIEDRAS DE GRANIZO DE CIEN LIBRAS Y TERREMOTOS DESTRUCTORES

El séptimo ángel derramó su copa por el aire; y salió una gran voz del templo del cielo, del trono, diciendo: Hecho está. Entonces hubo relámpagos y voces y truenos, y un gran temblor de tierra, un terremoto tan grande, cual no lo hubo jamás desde que los hombres han estado sobre la tierra.

(APOCALIPSIS 16:17, 18)

La séptima y última plaga es un terremoto de increíbles proporciones acompañado de piedras de granizo que pesarán hasta cien libras cada una. Este terremoto hará que se derrumben ciudades enteras, desaparezcan islas y queden allanadas montañas completas.

Algunos creen que la descripción bíblica de piedras de granizo de a cien libras de peso en realidad representa una lluvia de meteoritos.

A fin de comprender la magnitud total de esta terrible ira y tribulación, simplemente imagínese:

- ✥ Los hornos crematorios de Hitler
- ✥ Las purgas de Stalin
- ✥ Biafra
- ✥ Nicaragua
- ✥ Pakistán
- ✥ Bangladesh
- ✥ Vietnam

Y toda una pesadilla de otros terrores. Luego multiplíquese ese horror mil veces y encajónese la totalidad del mismo en el espacio de solo unos pocos años. Eso sugerirá algo de lo que tienen justamente delante, en la gran tribulación, aquellos que siguen rechazando a Dios. Pero eso no es todo.

CRISTO VENDRÁ PARA CONSTITUIR SU REINO — 16

El acontecimiento más terrible para el pecador estará aun por venir. Mucho más allá de todos los horrores, calamidades y tribulaciones descritos en la Biblia está aquel espantoso momento en que el pecador tenga que caer de rodillas y encarar a Jesucristo cuando él retorne a esta tierra para constituir su reino. La Biblia predice que el pecador tratará de esconderse en las rocas y en las hendiduras y grietas de las montañas. Clamará a las rocas y a los montes para que caigan sobre él para ocultarlo del rostro de aquel que se sienta en el trono.

La Biblia predice que vendrán un nuevo cielo y una nueva tierra —renovados por el Espíritu Santo. Cristo va a gobernar como Rey Supremo y suprimirá las guerras, las enfermedades, los desastres y todo lo que es malo y perverso. Usted puede reírse de esto, puede ignorarlo y descartarlo como un fantástico engaño, pero exactamente con la misma seguridad que los judíos han retornado en la actualidad a su patria, los cristianos se van a sentar como amigos de Cristo en su reino venidero. Ninguna predicción bíblica del pasado ha fallado, ni tampoco fallará ninguna de estas profecías referentes al futuro. Sí, es una historia sórdida, triste, espantosa, casi increíble de ira y juicio. Pero no hay absolutamente ninguna forma de adornarla o ignorarla. Si ha estado rechazando a Dios y desechando su llamado, le vaticino que vendrá el día en que literalmente temblará de miedo cuando vea suceder una por una todas estas cosas. Sobreviva a un terremoto, luego vea si puede reír. Observe el desarrollo de los últimos acontecimientos noticiosos, después dígame que soy un fanático.

Yo he visto una visión de las calamidades que vienen y la Biblia la respalda. El mensaje de Dios a todos los que no están preparados es sonoro y claro:

¡Despiértense! Lo que le está ocurriendo al mundo ahora es sobrenatural y no hay retorno. A menos que ustedes estén del lado del Señor, no podrán sobrevivir. No hay más que temor y desesperanza para aquellos que viven egoístamente sin Dios.

Siete

MENSAJE DE DIOS A LOS PREPARADOS

*E*ste ha sido un buen año para malas noticias. Las noticias que traen nuestros diarios suenan más a una pasmosa ficción que a verdad. Recibimos dosis diarias de noticias sobre elevados precios de alimentos, desastrosas condiciones atmosféricas, crisis de energía, y tormentas e inundaciones que establecen marcas, causando devastación en el mundo.

Palabras como «violento», «récord», «fuera de temporada», y «que supera toda marca» continúan apareciendo en los pronósticos del tiempo dondequiera. Cuando el tiempo debiera de haber sido bueno y soleado, han batido tornados e inundaciones. En donde el tiempo antes era frío, se ha vuelto extremada e intempestivamente caluroso.

Los meteorólogos hacen cuanto pueden para predecir esos desastres y analizarlos conforme van teniendo lugar, pero ninguno de ellos puede explicar qué está causando que ocurran desastrosos cambios de tiempo con tanta frecuencia.

Muchas personas hoy en día están convencidas de que el mundo está fuera de control. Instituciones que han merecido siempre nuestra confianza parecen estar desintegrándose. El gobierno ya no puede proporcionar soluciones, y hasta los más sagaces líderes mundiales quedan desconcertados por las condiciones reinantes en el mundo. El hecho de ver cómo altos funcionarios se encogen de hombros y confiesan que no comprenden, más de lo que nosotros comprendemos, lo que está sucediendo, hace desmoronarse nuestra confianza y nos deja frustrados. Ya no existen más respuestas simples a nuestras complejas preguntas.

A la luz de lo que hemos visto en estos últimos cinco años en materia de violencia, inmoralidad, crimen, ilegalidad, desorden y tragedia: ¿puede imaginar qué es lo que vamos a presenciar en la próxima década?

La forma en que las tragedias y los desastres están abatiendo a la tierra con tanta frecuencia e intensidad, sugeriría que la tierra está sufriendo dolores de parto. La Biblia dice que Dios va a crear un cielo nuevo y una tierra nueva. Esta tierra vieja pasará, y ardiendo será deshecha. Los mismos elementos se fundirán y se acabarán. Estamos presenciando no tanto la agonía y muerte de un viejo mundo, sino el nacimiento de uno nuevo.

Estos son días emocionantes para los verdaderos cristianos. Dios, en su amor y misericordia, está permitiendo que los desastres aflijan a la tierra como advertencia a todos los que oigan, que Jesús va a retornar, y que es hora de prepararse. Él ama demasiado a sus hijos como para llevar a efecto su nuevo reino sin advertencia previa. Él sabe que el ser humano es duro de oído y que se requieren desastres de proporciones gigantes, sísmicas, para lograr su atención. Estos desastres son una especie de cuenta descendente, demasiado dolorosa para ignorarla, «orquestada» por Dios a fin de preparar el escenario para los momentos finales del tiempo. Estos dolores de parto se tornarán cada vez más frecuentes e intensos a medida que nos aproximamos a la última hora. Habrá más hambres, más pestilencias, más terremotos en más lugares. Y todo esto no es más que principio de dolores. Sin embargo, el mensaje de la Biblia a todos los verdaderos creyentes es:

Cuando estas cosas comiencen a suceder, erguíos y levantad vuestra cabeza, porque vuestra redención está cerca.

(Lucas 21:28)

Los hombres desfallecen por el temor de las cosas que sobrevienen a esta tierra. La gente está atesorando cada vez más, ahorrando más y más y preparándose para la recesión económica de alcance mundial que está por venir. Hasta cristianos devotos se están contagiando con esta ola de temor y ansiedad en cuanto al futuro. La gente tiene miedo de que el barco se esté hundiendo. La humanidad está anhelando tener seguridad, y esto ha llevado a una epidemia de «arrebatiña» de casas, tierras, dinero e ingresos garantizados.

¿No suena todo esto a medroso? ¿No es espantosa la realidad? ¿Es realmente posible que el fin del mundo se nos viene efectivamente encima? ¿Es este el mismísimo momento de los tiempos que todos los profetas de la Biblia predijeron que vendría? ¿Estamos viviendo realmente en la generación en que todas estas predicciones se cumplirán? ¿Puede aun el más devoto cristiano comprender siquiera remotamente cuán terriblemente cerca está nuestra tierra a su hora de medianoche? Una cosa es cierta, todo parece estarse desmoronando, hasta donde los ojos naturales puedan discernir. Hasta la persona más dudosa de la tierra debe admitir, en sus momentos de sinceridad, que algo apocalíptico está teniendo lugar en este mundo.

Junto con la visión de las calamidades, Dios me dio un mensaje de esperanza muy especial para todos los verdaderos creyentes. Pregunté a Dios con desespero acerca de todas las cosas que veía venir. Le pedí que me mostrara cómo los cristianos podían hacer, en un tiempo limitado, todo lo que tienen que hacer, cuando tantos estaban desertando y yendo a ocultarse. ¿Cómo pueden los cristianos impedir que entre el miedo en su corazón? ¿Cómo pueden afrontar todos esos reportes noticiosos y prever todas las calamidades y desastres, sin temer por su hogar y por sus hijos? ¿Renunciarán y transferirán este viejo mundo al diablo, dejando que se salga con la suya? ¿Liquidarán todas sus cuentas, conservando para el futuro algunas reservas en el banco, y luego tratarán solamente capear todo el temporal en la esperanza de que habrá de venir un mejor día? ¿Comprarán una granja o un pedazo de tierra y huirán al campo esperando poder escapar de las tragedias venideras? ¿La pasarán comiendo, bebiendo y divirtiéndose —simplemente viviéndola— sabiendo que tienen la muerte pendiente sobre sus cabezas? ¿Dejarán que su motivación muera y se rendirán al temor? ¿Abandonarán todos sus sueños y ambiciones y se volverán como ermitaños que buscan la verdad?

Estimado amigo, escuche lo que el Espíritu Santo me dijo. Fueron nada más que cinco breves palabras, pero tan poderosas, que despertaron en mi una gloriosa nueva esperanza y nueva fe. Esas cinco breves palabras fueron: ¡Dios tiene todo bajo control!

Exactamente, todo está bajo control. A pesar de los terremotos, las hambres, las pestilencias, las granizadas, las olas de calor que matan, las inundaciones, los huracanes y las epidemias, ¡la naturaleza no está fuera de control! Todo lo que estamos viendo ocurrir en la actualidad ha sido claramente predicho en la Palabra de Dios. Nada puede ocurrir en la naturaleza, o a la naturaleza, a menos que Dios lo permita. La Biblia predice que la ira de Dios va a ser derramada sobre esta tierra por medio de una naturaleza desatada, destinada a advertir a la humanidad que se avecina el juicio.

La naturaleza está controlada y limitada por Dios y la misma no puede cruzar esos límites, a no ser que Dios lo permita. Dios le dijo a Job que había sido él quien:

Encerró con puertas el mar; le puso puertas y cerrojo para detener el orgullo de sus olas. Ocupó los fines de la tierra, para que sean sacudidos de ella los impíos. Reservó los tesoros del granizo y la nieve para el día de la batalla. Repartió conducto al turbión (para el desbordamiento de las aguas). Dispuso su potestad en la tierra y las ordenanzas de los cielos. Hizo inclinar los odres de los cielos. Envió los relámpagos. Esparció el viento sobre la tierra.

(JOB 38. TRADUCCIÓN LIBRE)

Hijo de Dios, ya no tiene que temer la desencadenada violencia de la naturaleza. Dios sigue siendo rey de la inundación. Él está llamando, corrigiendo y amonestando a todos sus hijos a que estén atentos a las señales. Pero hay un escondedero, un refugio para los creyentes. La Biblia dice:

El ángel de Jehová acampa alrededor de los que le temen, y los defiende.

(SALMOS 34:7)

Si confía en Dios, puede mirar todo desastre cara a cara y proclamar confiadamente: «Mi Dios está hablándole a este universo y se está demostrando su poder. Me estaré quieto y veré la salvación del Señor».

Aun Satanás está bajo control. Como en el caso de Job, Dios puede permitirle que toque todas las cosas materiales y físicas alrededor de usted, pero él no puede poseerlo ni quitarle su fe en Dios. El poder del diablo está limitado y hasta los cristianos neófitos pueden hacerlo huir simplemente resistiéndole por medio de la Palabra de Dios y la sangre de Cristo. La Biblia dice: «Resistid al diablo y huirá

111

de vosotros». ¿Suena esto a derrota? ¿Sugiere esto un demonio victorioso? ¿Sugiere esto que los cristianos deben temer la posesión demoníaca? ¡Nunca!

Dios tiene todo bajo control, y nosotros estamos bajo su control. Nunca tema a Satanás. Es el temor de Dios el principio de la sabiduría. En dondequiera que usted haya recibido su espíritu de temor, de cobardía, no lo recibió de Dios, ¿por qué, pues, conformarse con él? Sacúdaselo, porque el mensaje de Dios para esta hora es:

No nos ha dado Dios espíritu de cobardía; sino de poder, de amor y de dominio propio.

(2 Timoteo 1:7)

Satanás puede intentar abrumarlo con inmundicias y obscenidades y afligir su alma con todo género imaginable de perversidades. Puede perseguirlo, y los enemigos de Cristo pueden injuriarlo y odiarlo. Usted puede quedarse arruinado, sin dinero, y tener que orar hasta por su siguiente comida. Su propia familia puede odiarlo y rechazarlo y sus amigos más íntimos pueden abandonarlo. Pero los ojos de Jehová están sobre los justos y atentos sus oídos a la oración de ellos. No hemos de temer a nadie que pueda destruir el cuerpo, sino que hemos de respetar y honrar solo a aquel que puede tocar el alma. Ningún poder en el cielo ni en la tierra puede tocar la confianza y la fe de un hombre en Jesucristo. Ningún demonio, ningún diablo, ningún poder humano pueden destruir el alma.

Usted y yo, y todo lo que nos toca, estamos bajo el control de Dios. ¡Exactamente! No importa cómo lucen las cosas en este mundo ebrio, todas las cosas están aún ayudando a bien a todos aquellos que aman a Dios y son llamados conforme al propósito de Dios.

Deje que el dólar falle. Que venga la depresión o una «recesión» con su desempleo y temor. Que vengan la contaminación y la inflación. Que haya guerras y rumores de guerras. Deje que la estructura de la sociedad se desintegre. Que la humanidad vaya al borde inseguro del desastre. ¡Para el verdadero hijo de Dios, todo está aún bajo control! En realidad nada de eso importa, nada puede dañar a aquellos que habitan bajo el amparo de sus alas todopoderosas. La sombra del Omnipotente es mayor que toda sombra espantosa que esta era pueda proyectar. Los hijos de Dios no tienen por que temer ningún mal. Sus hijos nunca mendigarán el pan y él suplirá todas las verdaderas necesidades, hasta el mismísimo último minuto de los tiempos.

Dios no ha prometido preservar a sus hijos de los sufrimientos. Él no ha prometido guardarnos de tener que encarar una hora de necesidad. No tenemos ninguna promesa de paz del mundo, ni de tranquilidad, seguridad o un continuo bienestar económico. Tenemos la promesa de paz y seguridad del alma y de la mente —la provisión sobrenatural para toda necesidad real— y la certeza de que nunca tendremos que mendigar el pan. Dios prefiere que todos nosotros lleguemos al nivel a que llegó el apóstol Pablo cuando dijo:

Teniendo sustento y abrigo, estemos contentos con esto.

(1 Timoteo 6:8)

El futuro tiene aspecto malo y ominoso. Pero David dijo en los Salmos: «No temeré ningún mal». Este es hoy el mensaje para los creyentes. El futuro está también bajo su control, por lo mismo, no tenemos por qué temer. Dios lo tiene todo programado. Él sabe el momento exacto en que Cristo retornará. La tribulación final, el juicio y la batalla de Armagedón están todos en su calendario. El Dios que controla todo el cielo y la tierra ha dicho:

Las naciones le son como la gota de agua que cae del cubo, y como menudo polvo en las balanzas

113

le son estimadas; [...] como nada son todas las na-
ciones delante de él; [...] serán estimadas en menos
que nada.

(ISAÍAS 40:15,17)

Dios quiere que continuemos trabajando hasta el retorno de Cristo. Esto quiere decir sencillamente que hemos de trabajar como si nunca viniese el fin, y vivir como si ese fin fuese a venir mañana mismo.

Al gran evangelista D.L. Moody le preguntaron: «¿Qué haría usted hoy, si supiese que Jesús fuera a venir mañana?» Su respuesta fue: «Plantaría un árbol». Que sea así. Que el verdadero cristiano prosiga plantando y sembrando la semilla de Dios y manteniéndose ocupado haciendo la obra de Dios. Cuando el Señor retorne, que él nos encuentre «haciendo su voluntad».

Dios aún sigue contando los cabellos de nuestra cabeza. Él todavía sigue contando los gorriones que caen. Aún oye las peticiones antes de que sean formuladas. Todavía él responde antes de que se clame a él. Aún sigue dando más abundantemente de lo que podemos pedir o pensar. ¿Por tanto por qué hemos de tener miedo?

Yo creo y sé que los cristianos preparados van a enfrentar un tiempo de aflicción y de tribulación. Creo y sé que serán sometidos a prueba, perseguidos y tentados. Creo y sé que los verdaderos cristianos van a ser testigos de muchos de los horrores descritos en esta visión. Pero asimismo estoy firmemente convencido en mi propio corazón y mente —y tengo el testimonio del Espíritu Santo en mi corazón— de que Dios va a librar repentinamente a sus verdaderos hijos de su furia postrera, que será derramada sobre la tierra. Él va a librar a sus hijos de la más espantosa hora de desastre que la Biblia predice que caerá sobre la tierra.

¡Ustedes, cristianos que están preparados! ¡Despiértense! Todo está bajo control y Dios está obrando.

Está salvando, sanando, bautizando, y poniendo su casa en orden. Temer es blasfemar. La orden que tenemos es de animarnos a nosotros mismos en el Señor y comenzar a cantar y a regocijarnos cuando veamos acercarnos la hora final. Oigo que alguno pregunta: «Pero ¿cómo puedo regocijarme cuando veo que este viejo mundo, maldito por el pecado, se está desmoronando?» Mi respuesta es la respuesta de la Biblia:

> *Porque sabemos que toda la creación gime a una, y a una está con dolores de parto [...] esperando la redención.*
>
> (ROMANOS 8:22, 23)

Una mujer que está de parto puede gritar a causa del dolor, sin embargo en su corazón ella se regocija por el hecho del nuevo nacimiento.

El reino de Dios está por llegar. El reino de Satanás está por caer. Por consiguiente, el cristiano puede decir con confianza:

«¡DIOS TIENE TODO BAJO CONTROL!»

Ocho

ES SU TURNO AHORA

Job dijo:
Entonces me asustas con sueños y me aterras con
visiones.

(JOB 7:14)

Y este hombre afligido prosiguió, admitiendo:

He pecado [...] me he convertido en una carga para
mí mismo.

(JOB 7:20)

*E*sta visión puede haberlo disgustado. Puede haber
evocado en usted fastidio, incredulidad o diversión.
Por otra parte, puede haber despertado un innato
conocimiento de que ya es hora de ser sincero en cuanto a la
eternidad.

Usted no está lejos de Dios si tiene un corazón sincero.
Si eso es todo lo que le puede traer, él lo aceptará. Puede ser
que no tenga deseo de abandonar su actual modo de vida;
incluso puede amar sus pecados y hábitos. Puede honradamente no tener miedo del futuro. Puede ser que hasta sienta
satisfacción, en parte, por la forma que usted es. Pero si, en
un momento de sinceridad, siente una inquietud interior con

respecto al futuro, debe hacer algo en ese sentido. Si puede decirse a sí mismo honradamente: «Yo sé que mi vida no es lo que debiera de ser; sé que no puedo cambiarme, por tanto le pediré a Dios que me dirija y me ayude», luego eso ya es un buen punto de partida.

Sea absolutamente sincero. Ya es hora de dejar de jugar. Ya es hora de dejar de esconderse detrás de alguna doctrina o teoría favorita. Es hora de dejar de excusarse mediante alguna evasión filosófica. Es hora de admitir que lo que usted siente hondo en su corazón es realmente cierto. Algo en usted tiende a llegar a Dios. Algo dentro de usted grita clamando por la realidad, la verdad, y una sólida base en qué pararse.

Dios afirma en su Palabra:

> *Y me buscaréis y me hallaréis, porque me buscaréis de todo vuestro corazón.*
>
> (Jeremías 29:13)

Jesucristo lo quiere exactamente como es pero él quiere que venga a él con un corazón sincero. Si está dispuesto a dejar de ser un falso, él está dispuesto a encontrarse con su corazón sincero y a cambiar todo su estilo de vida. Abandone su arrogancia y humíllese, y ocurrirá un milagro. Por fe, usted puede nacer e ingresar en el reino venidero de Dios.

Aquí tiene un modelo de una oración sincera. ¿Y por qué no usarla, no apropiársela, y comenzar ahora aquí mismo?

Oh, Señor Jesucristo, con toda honestidad no sé cuánto yo quiero cambiar realmente, pero sé que tengo que cambiar. Yo no puedo hacerlo por mí mismo, así que me vuelvo a ti por un milagro. Escucha el clamor de mi corazón y no mires mis culpas, sino mi gran necesidad. Perdóname y sáname. Te confieso que no estoy viviendo en conformidad con tus mandamientos, ni tampoco sigo realmente tu Palabra. Pero acéptame así como soy y haz conmigo lo que quieras hacer. Te abro la puerta de mi corazón y te invito a que entres en él. Amén.

APÉNDICE I

PREDICCIONES Y PROFECÍAS DE HOMBRES DE LA BIBLIA

PREDICCIONES DEL APÓSTOL PABLO — 1

[...] en los postreros días vendrán tiempos peligrosos. Porque habrá hombres amadores de sí mismos, avaros, vanagloriosos, soberbios, blasfemos, desobedientes a los padres, ingratos, impíos, sin afecto natural, implacables, calumniadores, intemperantes, crueles, aborrecedores de lo bueno, traidores, impetuosos, infautados, amadores de los deleites más que de Dios, que tendrán apariencia de piedad, pero negarán la eficacia de ella [...]

(2 TIMOTEO 3:1-5)

LAS PREDICCIONES DE PEDRO — 2

[...] en los postreros días vendrán burladores, andando según sus propias concupiscencias, y diciendo: ¿Dónde está la promesa de su advenimiento? Porque desde el día en que los padres durmieron, todas las cosas permanecen así como desde el principio de la creación.

(2 PEDRO 3:3, 4)

Mas, oh amados, no ignoréis esto: que para con el Señor un día es como mil años, y mil años como un día. El Señor no retarda su promesa, según algunos la tienen por tardanza, sino que es paciente para con nosotros, no queriendo que ninguno perezca, sino que todos procedan al arrepentimiento. Pero el día del Señor vendrá como ladrón en la noche; en el cual los cielos pasaran con grande estruendo, y los elementos ardiendo serán deshechos, y la tierra y las obras que en ella hay serán quemadas.

(2 PEDRO 3:8-10)

[...] la venida del día de Dios, en el cual los cielos, encendiéndose, serán deshechos, y los elementos, siendo quemados, se fundirán! Pero nosotros esperamos, según sus promesas, cielos nuevos y tierra nueva, en los cuales mora la justicia.

(2 Pedro 3:12, 13)

Predicciones de Judas — 3

Pero vosotros, amados, tened memoria de las palabras que antes fueron dichas por los apóstoles de nuestro Señor Jesucristo; los que os decían: En el postrer tiempo habrá burladores, que andarán según sus malvados deseos.

(Judas 17,18)

Predicciones de Salomón — 4

Por cuanto llamé, y no quisisteis oír, extendí mi mano, y no hubo quien atendiese, sino que desechasteis todo consejo mío y mi reprensión no quisisteis, también yo me reiré en vuestra calamidad, y me burlaré cuando os viniere lo que teméis; cuando viniere como una destrucción lo que teméis, y vuestra calamidad llegare como un torbellino; cuando sobre vosotros viniera tribulación y angustia. Entonces me llamarán y no responderé; me buscarán de mañana, y no me hallarán.

Por cuanto aborrecieron la sabiduría, y no escogieron el temor de Jehová, ni quisieron mi consejo, y menospreciaron toda reprensión mía, comerán del fruto de su camino, y serán hastiados de sus propios consejos. Porque el desvío de los ignorantes los matará, y la prosperidad de los necios los echará a perder; mas el que me oyere, habitará confiadamente y vivirá tranquilo, sin temor del mal.

(Proverbios 1:24-33)

APÉNDICE II

TEXTOS BÍBLICOS PARA ESTUDIAR

Textos para el Capítulo uno

1. «No te jactes del día de mañana; porque no sabes que dará de sí el día». (Proverbios 27:1)

2. «Sé diligente en conocer el estado de tus ovejas, y mira con cuidado por tus rebaños; por que las riquezas no duran para siempre; ¿y será la corona para perpetuar generaciones?». (Proverbios 27:23, 24)

3. «Ciertamente como una sombra es el hombre; ciertamente en vano se afana; amontona riquezas, y no sabe quien las recogerá». (Salmo 39:6)

4. «Verán los justos, y temerán; se reirán de él, diciendo: He aquí el hombre que no puso a Dios por su fortaleza, sino que confió en la multitud de sus riquezas, y se mantuvo en su maldad». (Salmos 52:6, 7)

5. «No confiéis en la violencia, ni en la rapiña: no os envanezcáis; si se aumentan las riquezas, no pongáis el corazón en ellas». (Salmo 62:10)

6. «Y dicen: ¿Cómo sabe Dios? ¿Y hay conocimiento en el Altísimo? He aquí estos impíos, sin ser turbados del mundo, alcanzaron riquezas. Verdaderamente en vano he limpiado mi corazón, y lavado mis manos en inocencia; pues he sido azotado todo el día, y castigado todas las mañanas. Si dijeran yo: Hablaré como ellos, he aquí, a la generación de tus hijos engañaría. Cuando pense para saber esto, fue duro trabajo para mí, hasta que entrando en el santuario de Dios, comprendí el fin de ellos. Ciertamente los ha puesto en deslizaderos; en asolamientos los harás caer. ¡Cómo han sido asolados de repente! Perecieron, se consumieron de terrores. Como sueño del que despierta, así, Señor, cuando despertares, menospreciaras su apariencia». (Salmos 73:11-20)

7. «No aprovecharán las riquezas en el día de la ira; mas la justicia librara de muerte [...] Él que confía en sus riquezas caerá; mas los justos reverdecerán como ramas». (Proverbios 11:4, 28)

8. «¿Has de poner tus ojos en las riquezas, siendo ningunas? Porque se harán alas como alas de águila, y volarán al cielo». (Proverbios 23:5)

9. «Hay un mal doloroso que he visto debajo del sol: las riquezas guardadas por sus dueños para su mal; las cuales se pierden en malas ocupaciones, y a los hijos que engendraron, nada les queda en la mano». (Eclesiastés 5:13, 14)

10. «He aquí que tú eres más sabio que Daniel; no hay secreto que te sea oculto. Con tu sabiduría y con tu prudencia has acumulado riquezas, y has adquirido oro y plata en tus tesoros. Con la grandeza de tu sabiduría en tus contrataciones has multiplicado tus riquezas; y a causa de tus riquezas se ha enaltecido tu corazón. Por tanto, así ha dicho Jehová el Señor: Por cuanto pusiste tu corazón de Dios, por tanto, he aquí yo traigo sobre ti extranjeros, los fuertes de las naciones, que desenvainarán sus espadas contra la hermosura de tu sabiduría, y mancharán tu esplendor. Al sepulcro te harán descender, y morirás con la muerte de los que mueren en medio de los mares». (Ezequiel 28:3-8)

Textos para el Capítulo dos

1. «Porque se levantará nación contra nación, y reino contra reino; y habrá pestes, hambres, terremotos en diferentes lugares». (Mateo 24:7)

2. «Porque se levantará nación contra nación, y reino contra reino; y habrá terremotos en muchos lugares, y habrá hambres y alborotos; principios de dolores son éstos». (Marcos 13:8)

3. «Y habrá grandes terremotos, y en diferentes lugares hambres y pestilencias; y habrá terror y grandes señales del cielo». (Lucas 21:11)

4. «El primer ángel tocó la trompeta, y hubo granizo y fuego mezclados con sangre, que fueron lanzados sobre la tierra; y la tercera parte de los arboles se quemó, y se quemo toda la hierba verde». (Apocalipsis 8:7)

5. «Y el templo de Dios fue abierto en el cielo, y el arca de su pacto se veía en el templo. Y hubo relámpagos, voces, truenos, un terremoto y grande granizo». (Apocalipsis 11:19)

6. «Y cayó del cielo sobre los hombres un enorme granizo (cada piedra) como del peso de un talento; y los hombres blasfemaron contra Dios por la plaga del granizo; porque su plaga fue sobremanera grande». (Apocalipsis 16:21)

7. «Alzaron los ríos, oh Jehová, los ríos alzaron su sonido; alzaron los ríos sus ondas». (Salmo 93:3)

8. «Comían, bebían, se casaban y se daban en casamiento, hasta el día en que entro Noé en el arca, y vino el diluvio y los destruyó a todos». (Lucas 17:27)

9. «Y los hombres se maravillaron, diciendo: ¿Qué hombre es éste, que aun los vientos y el mar le obedecen?». (Mateo 8:27)

10. «Daniel dijo: Miraba yo en mi visión de noche, y he aquí que los cuatro vientos del cielo combatían en el gran mar». (Daniel 7:2)

11. «Porque habló, e hizo levantar un viento tempestuoso, que encrespa sus ondas». (Salmo 107:25)

12. «Hace subir las nubes de los extremos de la tierra; hace los relámpagos para la lluvia; saca de sus depósitos los vientos». (Salmo 135:7)

13. «El fuego y el granizo, la nieve y el vapor, el viento de tempestad que ejecuta su palabra». (Salmo 148:8)

14. «¿Quién subió al cielo, y descendió? ¿Quién encerró los vientos en sus puños? ¿Quién ató las aguas en un paño? ¿Quién afirmó todos los términos de la tierra? ¿Cuál es su nombre, y el nombre de su hijo, si sabes?». (Proverbios 30:4)

Textos para el Capítulo tres

1. «Y la serpiente arrojó de su boca, tras la mujer, agua como un río, para que fuese arrastrada por el río. Pero la tierra ayudó a la mujer, pues la tierra abrió su boca y tragó el río que el dragón había echado de su boca». (Apocalipsis 12:15, 16)

2. «Los carros se precipitarán a las plazas, con estruendo rodarán por las

calles; su aspecto será como antorchas encendidas, correrán como relámpagos. Se acordará él de sus valientes; se atropellarán en su marcha; se apresurarán a su muro, y la defensa se preparará. Las puertas de los ríos se abrirán, y el palacio será destruido». (Nahum 2:4-6)

3. «Hay generación limpia en su propia opinión, si bien no se ha limpiado de su inmundicia». (Proverbios 30:12)

4. «Pero también éstos erraron con el vino, y con sidra se entontecieron; el sacerdote y el profeta erraron con sidra, fueron trastornados por el vino; se aturdieron con la sidra, erraron en la visión, tropezaron en el juicio. Porque toda mesa esta llena de vómito y suciedad, hasta no haber lugar limpio». (Isaías 28:7, 8)

5. «Porque así será en medio de la tierra, en medio de los pueblos, como olivo sacudido, como rebuscos después de la vendimia». (Isaías 24:13)

6. «Y la mujer estaba vestida de púrpura y escarlata, y adornada de oro, de piedras preciosas y de perlas, y tenía en la mano un cáliz de oro lleno de abominaciones y de la inmundicia de su fornicación; y en su frente un nombre escrito, un misterio: BABILONIA LA GRANDE, LA MADRE DE LAS RAMERAS Y DE LAS ABOMINACIONES DE LA TIERRA». (Apocalipsis 17:4, 5)

7. «Dios desde los cielos miró sobre los hijos de los hombres, para ver si había algún entendido que buscara a Dios. Cada uno se había vuelto atrás; todos se habían corrompido; no hay quien haga lo bueno, no hay ni aun uno». (Salmo 53:2, 3)

8. «Y libró al justo Lot, abrumado por la nefanda conducta de los malvados». (2 Pedro 2:7)

9. «No obstante, de la misma manera también estos soñadores mancillan la carne, rechazan la autoridad y blasfeman de las potestades superiores». (Judas 8)

10. «El que es injusto, sea injusto todavía; y el que es inmundo, sea inmundo todavía; y el que es justo, practique la justicia todavía; y el que es santo, santifíquese todavía». (Apocalipsis 22:11)

Textos para el Capítulo cuatro

1. «No penséis que he venido para traer paz a la tierra; no he venido para traer paz, sino espada. Porque he venido para poner en disensión al hombre contra su padre, a la hija contra su madre, y a la nuera contra su suegra. Y los enemigos del hombre serán los de su casa. El que ama a padre o madre más que a mí, no es digno de mí; el que ama a hijo o hija más que a mí, no es digno de mí». (Mateo 10:34-37)

2. «Hay generación que maldice a su padre y a su madre no bendice [...] El ojo que escarnece a su padre y menosprecia la enseñanza de la madre, los cuervos de la cañada lo saquean, y lo devoren los hijos del águila». (Proverbios (30:11, 17)

3. «Aunque mi padre y mi madre me dejaran, con todo, Jehová me recogerá». (Salmos 27:10)

4. «El hijo sabio alegra al padre; mas el hombre necio menosprecia a su madre». (Proverbios 15:20)

5. «La vara y la corrección dan sabiduría; mas el muchacho consentido avergonzará a su madre». (Proverbios 29:15)

6. «Porque Dios mandó diciendo: Honra a tu padre y a tu madre; y: El que maldiga al padre o a la madre, muera irremisiblemente. Pero vosotros decís: Cualquiera que diga a su padre o a su madre: Es mi ofrenda a Dios todo aquello con que pudiera ayudarte, ya no ha de honrar a su padre o a su madre. Así habéis invalidado el mandamiento de Dios por vuestra tradición». (Mateo 15:4-6)

7. «Y vosotros, padres, no provoquéis a ira a vuestros hijos, sino criadlos en disciplina y amonestación del Señor». (Efesios 6:4)

8. «Padres, no exasperéis a vuestros hijos, para que no se desalienten». (Colosenses 3:21)

9. «Porque vendrá tiempo cuando no sufrirán la sana doctrina, sino que teniendo comezón de oír, se amontonarán maestros conforme a sus propias concupiscencias». (2 Timoteo 4:3)

10. «No reprendas al escarnecedor, para que no te aborrezca; corrige al sabio, y te amará». (Proverbios 9:8)

11. «Vosotros que aborrecéis lo bueno y amáis lo malo, que les quitáis su piel y su carne de sobre los huesos». (Miqueas 3:2)

12. «Muchos tropezarán entonces, y se entregarán unos a otros, y unos a otros se aborrecerán». (Mateo 24:10)

13. «Se lisonjea, por tanto, en sus propios ojos, de que su iniquidad no será hallada y aborrecida». (Salmo 36:2)

14. «Porque nosotros también éramos en otro tiempo insensatos, rebeldes, extraviados, esclavos de concupiscencias y deleites diversos, viviendo en malicia y envidia, aborrecibles, y aborreciéndonos unos a otros». (Tito 3:3)

Textos para el Capítulo cinco

1. «Bienaventurados los que padecen persecución por causa de la justicia, porque de ellos es el reino de los cielos. Bienaventurados sois cuando por mi causa os vituperen y os persigan, y digan toda clase de mal contra vosotros, mintiendo. Gozaos y alegraos, porque vuestro galardón es grande en los cielos; porque así persiguieron a los profetas que fueron antes de vosotros». (Mateo 5:10-12)

2. «El hermano entregará a la muerte al hermano, y el padre al hijo; y los hijos se levantarán contra los padres, y los harán morir. Y seréis aborrecidos de todos por causa de mi nombre; mas el que persevere hasta el fin, éste será salvo. Cuando os persigan en esta ciudad, huid a la otra; porque de cierto os digo, que no acabaréis de recorrer todas las ciudades de Israel, antes que venga el Hijo del Hombre. El discípulo no es más que su maestro, ni el siervo más que su señor. Bástale al discípulo ser como su maestro, y al siervo como su señor. Si al padre de familia llamaron Beelzebú, ¿cuánto más a los de su casa?». (Mateo 10:21-25)

3. «Si fuerais del mundo, el mundo amaría lo suyo; pero porque no sois del mundo, antes yo os elegí del mundo, por eso el mundo os aborrece. Acordaos de la palabra que yo os he dicho: El siervo no es mayor que

su señor. Si a mí me han perseguido también a vosotros os perseguirán; si han guardado mi palabra, también guardarán la vuestra». (Juan 15:19, 20)

4. «Estamos atribulados en todo, mas no angustiados; en apuros, mas no desesperados; perseguidos, mas no desamparados; derribados, pero no destruidos; llevando en el cuerpo siempre por todas partes la muerte de Jesús, para que también la vida de Jesús se manifieste en vuestros cuerpos. Porque nosotros que vivimos, siempre estamos entregados a muerte por causa de Jesús, para que también la vida de Jesús se manifieste en nuestra carne mortal». (2 Corintios 4:8-11)

5. «Pero como entonces el que había nacido según la carne perseguía al que había nacido según el Espíritu, así también ahora». (Gálatas 4:29)

6. «Y también todos los que quieren vivir piadosamente en Cristo Jesús padecerán persecución». (2 Timoteo 3:l2)

7. «Amados, no os sorprendáis del fuego de prueba que os ha sobrevenido, como si alguna cosa extraña os aconteciese, sino gozaos por cuanto sois participantes de los padecimientos de Cristo, para que también en la revelación de su gloria os gocéis con gran alegría. Si sois vituperados por el nombre de Cristo, sois bienaventurados, porque el glorioso Espíritu de Dios reposa sobre vosotros. Ciertamente, de parte de ellos, él es blasfemado, pero por vosotros es glorificado». (1 Pedro 4:12-14)

Textos para el Capítulo siete

1. «Por medio de las cuales nos ha dado preciosas y grandísimas promesas, para que por ellas llegaseis a ser participantes de la naturaleza divina, habiendo huido de la corrupción que hay en el mundo a causa de la concupiscencia». (2 Pedro 1:4)

2. «En paz me acostaré, y asimismo dormiré; porque solo tú, Jehová, me haces vivir confiado». (Salmo 4:8)

3. «Mas el que me oyere, habitará confiadamente y vivirá tranquilo, sin temor del mal». (Proverbios 1:33)

4. «Torre fuerte es el nombre de Jehová; a él correrá el justo, y será levantado». (Proverbios 18:10)

5. «Como el águila que excita su nidada, revolotea sobre sus pollos, extiende sus alas, los toma, los lleva sobre sus plumas, Jehová solo le guío [...]» (Deuteronomio 32:11, 12)

6. «Y ¿quién es aquel que os podrá hacer daño, si vosotros seguís el bien?». (1 Pedro 3:13)

7. «Cuando pases por las aguas, yo estaré contigo; y si por los ríos, no te anegarán. Cuando pases por el fuego, no te quemarás, ni la llama arderá en ti». (Isaías 43:2)

8. «Muchas son las aflicciones del justo, pero de todas ellas le librará Jehová». (Salmo 34:19)

9. «Tú eres mi refugio; me guardarás de la angustia; con cánticos de liberación me rodearás». (Salmo 32:7)

10. «Dios es nuestro amparo y fortaleza, nuestro pronto auxilio en las tribulaciones». (Salmo 46:1)